QUEL .
POUR LE CH

« *Espaces libres* »

MGR PHILIPPE BARBARIN
LUC FERRY

QUEL DEVENIR POUR LE CHRISTIANISME ?

Avant-propos de Matthieu Rougé

Débat animé par Jean-Marie Guénois

Albin Michel

Albin Michel
■ *Spiritualités* ■

Collection « Espaces libres »
dirigée par Jean Mouttapa et Marc de Smedt

La vérité pour aimer

C'est dans le cadre du jubilé des cent cinquante ans de la basilique Sainte-Clotilde à Paris qu'a été organisé un débat entre le cardinal Philippe Barbarin, archevêque de Lyon, « Primat des Gaules », et Luc Ferry, philosophe, ancien ministre, sur l'avenir du christianisme en France.

La reine Clotilde, par le témoignage de sa foi courageuse et rayonnante, a conduit son mari, le roi Clovis, jusqu'au baptême (dans la nuit de Noël 496). La basilique Sainte-Clotilde, inaugurée en 1857, à deux pas de l'Assemblée nationale, de l'hôtel Matignon et des principaux ministères, continue d'être une hymne aux racines chrétiennes de notre pays.

Mais, en 2007, il ne s'agissait pas de nous glorifier du passé chrétien de la France ou de l'histoire ancienne de la paroisse Sainte-Clotilde.

Nous souhaitions plutôt recueillir cet héritage pour qu'il porte de nouveaux fruits. La vocation de « la paroisse des hommes politiques » est en effet, aujourd'hui plus que jamais, de favoriser le contact et la rencontre entre la jeunesse éternelle de l'Évangile et les questions de la société française.

Près de mille personnes ont assisté à ce débat avec enthousiasme et attention. L'analyse philosophique et sociologique de Luc Ferry et le témoignage évangélique du cardinal Barbarin ont semblé, dans un premier temps, emprunter des chemins parallèles. Mais les deux points de vue et les deux tons se sont progressivement rencontrés et enrichis.

L'analyse percutante du « mouvement de déconstruction » par Luc Ferry et l'affirmation tonique par le cardinal Barbarin que « le christianisme tranquille n'existe pas » ont abouti à un éloge commun et différencié de la recherche spirituelle. L'échange, parfois à fleurets mouchetés mais toujours cordial, n'en est pas resté à un niveau seulement descriptif. Les questions vitales de l'amour, de l'espérance et de la résurrection ont été prises à bras-le-corps, voire même à bras-le-cœur.

« Existe-t-il pour vous, et pour nous aussi, des raisons d'espérer ? », interroge Jean-Marie Guénois vers la fin du débat. « La première source d'espérance, c'est que le cardinal ait raison », répond Luc Ferry. Et le cardinal Barbarin de conclure, en écho aux réflexions de l'ancien ministre de l'Éducation nationale sur la transmission : « Il faut travailler, et la seule façon de travailler, c'est d'aimer, c'est-à-dire de nous donner complètement. »

Je remercie encore ceux qui ont participé à cet échange et qui ont contribué à l'organiser. Je remercie également Nicolas de La Bretèche et Jean-Pierre Delannoy qui en ont établi la transcription. Puisse la publication de ce débat donner ou renforcer le goût de chercher la vérité en aimant et pour aimer.

Matthieu Rougé

INTRODUCTION

Matthieu Rougé

Nous voulons réfléchir aujourd'hui à l'avenir du christianisme dans notre pays. Je remercie beaucoup ceux qui ont accepté de venir nous y aider.

À Sainte-Clotilde, nous sommes fiers de faire mémoire du baptême de Clovis par saint Remi. Mais, bien avant saint Remi, il y avait, à Lyon, saint Irénée. Nous sommes très heureux que le successeur de saint Irénée, le cardinal Barbarin, soit venu de Lyon pour participer à ce débat. Je remercie aussi Luc Ferry d'être avec nous ce soir. Sa réflexion, avec notamment *La Sagesse des Modernes* et plus récemment *Familles, je vous aime*, témoigne d'une grande attention aux valeurs qui proviennent du christianisme, mais avec une certaine distance vis-à-vis de la foi chrétienne comme telle. Voilà bien l'enjeu de notre discussion de ce soir : l'avenir du christianisme en France, est-ce seulement une affaire de valeurs ou est-ce surtout une question de foi ?

Je remercie beaucoup Jean-Marie Guénois, chef du service des informations religieuses à *La Croix*[1], qui, depuis presque dix ans, a donné à ces pages religieuses beaucoup d'éclat et de profondeur, d'avoir accepté d'arbitrer ce débat.

1. Jean-Marie Guénois appartient aujourd'hui à la rédaction du *Figaro* où il suit les questions religieuses.

Jean-Marie Guénois

Éminence, Monsieur le Ministre, Mesdames et Messieurs, en ouverture d'un échange qui promet d'être intéressant, je voudrais seulement insister sur la rareté et la qualité d'une telle rencontre.

Rencontre rare : en effet, dans un contexte où le débat sur la laïcité est un peu brouillé, il n'est pas si courant de voir un cardinal et un intellectuel, ancien ministre, débattre ensemble, à une tribune ecclésiale, sur l'avenir du christianisme.

Rencontre de qualité : les deux personnalités en présence ne sont pas des intellectuels en chambre. Ils sont tous deux des acteurs, l'un dans le champ intellectuel et politique, l'autre dans le champ pastoral. Leurs expériences vont nourrir le débat de ce soir.

Le cardinal Philippe Barbarin a été l'un des électeurs du pape Benoît XVI. Jean-Paul II l'avait créé cardinal à cinquante-trois ans, l'un des plus jeunes cardinaux de l'Église, juste après l'avoir nommé archevêque de Lyon. Il avait été auparavant évêque de Moulins. Sans employer le mot de carrière qui ne lui ressemble pas du tout, je dirais que son ministère de prêtre s'est partagé entre l'aumônerie des jeunes, dont il était très proche, des charges de curé de paroisse en banlieue parisienne et une expérience missionnaire de quatre ans à Madagascar, qui l'a fortement marqué.

Primat des Gaules, il est aujourd'hui à la tête du diocèse de Lyon, un des diocèses les plus difficiles à diriger en France. Le diocèse de Lyon, c'est quatre cents prêtres, deux cents laïcs, c'est un des épicentres ou contrepoids, selon les points de vue, de l'Église de France. Il vient de publier avec le rabbin Gilles Bernheim, chez Stock, *Le Rabbin et le Cardinal*, un échange passionnant, et ses conférences de carême de la basilique de Fourvière sur le thème de la miséricorde.

Luc Ferry a été ministre de la Jeunesse, de l'Éducation nationale et de la Recherche, sous le gouvernement de Jean-Pierre Raffarin – qui nous fait l'honneur de sa présence ce soir – entre 2002 et 2004. Il a également été président du Conseil national des Programmes. Son métier, c'est aussi d'être un chercheur, un enseignant, un philosophe écouté et respecté dans le débat public français. J'ai recensé vingt-trois ouvrages publiés, dont le tout dernier est *Familles, je vous aime* J'en citerai deux autres qui intéressent directement notre débat, d'abord *L'Homme-Dieu ou le sens de la vie*, publié en 1996, qui fait de Luc Ferry un des premiers auteurs à avoir osé repositionner la question du sacré – en France ce n'est pas rien – dans le débat philosophique et intellectuel, et, plus récemment *Le religieux après la religion*, avec Marcel Gauchet.

Luc Ferry, qui vient d'être chargé par le président de la République d'une mission d'étude sur le service civique, prépare un autre livre sur la mythologie comme spiritualité laïque, dont nous allons sans doute parler dans la suite de ce débat.

Voici brièvement présentées les deux personnalités du débat de ce soir, des personnalités rares, à l'expérience unique, deux hommes jeunes, appartenant à la même génération, l'un, si j'ose dire, dans le camp laïque, l'autre dans le camp religieux. À ces hommes vraiment engagés dans l'histoire récente, religieuse comme intellectuelle, de notre pays, je voudrais poser la question de l'avenir du christianisme, en leur demandant si la France peut vivre durablement de valeurs inspirées du christianisme sans enracinement dans la foi.

INTERVENTION
DE LUC FERRY

Je suis heureux de cette rencontre qui me permet de faire la connaissance du cardinal Barbarin, ce que je souhaitais depuis longtemps, et d'engager avec lui un dialogue dont j'attends beaucoup. Je voudrais aussi saluer mon Premier ministre préféré, Jean-Pierre Raffarin. Je suis toujours heureux de le retrouver ; peut-être même, après cet échange avec le cardinal Barbarin, aurons-nous encore plus de choses à nous dire.

Dans les vingt minutes qui me sont imparties, je voudrais d'abord vous dire pourquoi je pense qu'il existe dans nos sociétés démocratiques une tendance lourde qui va radicalement à l'encontre des valeurs traditionnelles du christianisme, et qui explique assez largement ce que les sociologues ont appelé la « déchristianisation de l'Europe ». Il faut bien reconnaître que la proportion de la population française qui a quitté la foi est supérieure de 20 ou 30 % à ce qu'elle était du temps de mon enfance, période sans doute lointaine mais pas tant que ça malgré tout à l'échelle de l'histoire. Dans un deuxième temps, quitte à paraître me contredire – mais c'est peut-être la réalité qui est complexe – je voudrais insister sur une autre tendance de notre société contemporaine qui alimente au contraire une véritable revitalisation des valeurs chrétiennes. Je m'étonne d'ailleurs, Monsieur le Cardinal, que l'Église n'en profite pas davantage et c'est pour moi, à tout le moins, une source d'interrogation sur laquelle je serais heureux d'avoir votre sentiment.

Mais avant même d'évoquer ces deux grands mouvements, à certains égards contraires, je voudrais mettre en perspective notre débat en partant d'une définition des sociétés laïques et démocratiques dans lesquelles nous vivons aujourd'hui en Europe de l'Ouest. Pour les définir, il me semble que la formule tout à la fois la plus courte et la plus juste pourrait être à peu près la suivante : nos sociétés démocratiques, c'est « le marché + les droits de l'homme ».

Pour le républicain libéral que je suis, c'est, en un sens, déjà pas mal du tout... et en un autre, pourtant, c'est totalement insuffisant ! Contrairement à ce que l'on lit ou entend un peu partout, nos sociétés ne manquent nullement de morale ; elles en sont, au contraire, remplies *ad nauseam*. Pas un jour qui passe sans qu'un nouveau débat éthique envahisse l'espace public : sur le revenu minimum, le handicap, la place de la diversité, la parité, l'action humanitaire, les droits de l'homme au Tibet ou ailleurs, l'euthanasie, la justice fiscale, la rôle de la publicité, la bioéthique, la protection de l'environnement, la façon de traiter les SDF, etc. Dire que nos sociétés manquent de morale est si contraire à la vérité factuelle qu'on peut s'interroger sur les motifs qui conduisent à un tel déni de réalité. Jamais – je dis bien *jamais* et je pèse le mot – dans l'histoire de l'humanité on ne s'est autant préoccupé des autres que dans nos sociétés. On peut toujours dire que ce n'est pas assez, mais j'aimerais bien qu'on me dise dans quelle société le souci de l'autre fut plus grand dans le temps ou dans l'espace, c'est-à-dire avant ou ailleurs que dans l'Europe d'aujourd'hui. On stigmatise, d'ailleurs à juste titre, le capitalisme sauvage, « court-termiste », la financiarisation de l'économie, etc., mais, malgré la crise et les dérives démentielles du monde financier que personne ne songe à nier, la simple honnêteté consiste à dire que, tout bien pesé et tout compte fait, jamais nous n'avons dans l'histoire passée connu un tel mixte de liberté et de bien-être relatif que chez nous, de nos jours, dans cette Europe qu'on serait bien avisé de défendre de toutes nos forces. Que celui qui n'en est pas convaincu lise ou relise *Les Misérables :* il pourra sans peine mesurer le chemin parcouru depuis les années 1860 où Hugo stigmatisait la pauvreté et l'indifférence de son époque. Si on avait dit au vieil Hugo qu'un siècle et demi après la publication de son livre, tout enfant naissant en France bénéficierait de l'école gratuite jusqu'à seize ans, que le travail des mineurs y serait interdit, que la santé, elle aussi, serait gratuite, qu'on disposerait de retraites, d'assurance chômage, du droit – pour ne pas dire du devoir – d'insulter le président de la République et ses ministres sans risquer d'être exilé à Guernesey et de mille autres choses encore, telles que la possibilité de voyager, de se cultiver, de s'informer à volonté… il serait sans doute tombé de sa chaise !

Jamais non plus les droits de l'homme n'ont été, au total, autant respectés qu'aujourd'hui, sur notre continent. Encore une fois, on peut toujours trouver cela insuffisant, mais je mets au défi quiconque de bonne foi de m'indiquer un lieu géographique ou une période de l'histoire humaine où le respect et le souci d'autrui auraient été plus grands qu'aujourd'hui dans nos pays démocratiques. Il suffit de voyager un peu, en Inde, en Afrique, en Amérique latine ou ailleurs, et même aux États-Unis, pour s'assurer que le constat est indéniable ; et, de ce point de vue, le discours anti-libéral qui consiste, jusqu'au sein de l'Église et même dans la droite française, à mettre sur le même plan le libéralisme et le communisme est tout simplement indécent...

En revanche, et c'est de ce constat que je voudrais au fond partir, car c'est lui qui m'importe avant tout, nos sociétés sont presque totalement dépourvues de spiritualité – ce qui est une tout autre affaire que celle de la morale. Et c'est là la première chose que je voudrais vous faire mieux comprendre peut-être. Il faut en effet – et on ne le fait pas suffisamment aujourd'hui dans le débat public, ni même d'ailleurs dans le débat philosophique – faire une différence fondamentale entre morale et spiritualité. Faute de faire cette distinction, je crains qu'on ne comprenne rien à la réflexion qui s'impose pourtant sur les valeurs d'aujourd'hui. En quelque sens qu'on l'entende, la morale, c'est d'abord le respect d'autrui : aujourd'hui, pour nous, en Europe, la morale commune, c'est à peu de chose près la Déclaration des droits de l'homme et du citoyen de 1789. Le respect de l'autre comprend le respect de son droit à chercher son bonheur où il l'entend pourvu qu'il ne nuise pas à autrui, le respect de sa liberté d'opinion, la protection de sa sécurité, de son droit de circulation, mais aussi de certains droits substantiels tels que l'éducation, la santé, etc. La morale, c'est donc d'abord le respect d'autrui, l'idée que ma liberté doit s'arrêter là où commence celle de l'autre, que je dois la limiter aux conditions de son accord avec mes semblables… Ajoutons encore, c'est bien sûr essentiel pour ne pas en rester à une définition par trop formelle, à ce respect d'autrui la bienveillance ou, comme on voudra, la bienfaisance, la bonté, le fait de travailler autant que faire se peut au bien des autres, et vous aurez à peu près la totalité de la morale. Disons-le encore plus simplement : un être moral, un être qui se conduit moralement avec les autres, c'est, en gros, quelqu'un qui les respecte et qui leur veut du bien. Mais voilà, vous pouvez respecter autrui de manière parfaite, vous pouvez être, en outre, gentil et bienfaisant, un saint laïc, un héros de l'action caritative, un composé de Bernard Kouchner et de sœur Emmanuelle, cela ne changera rien par rapport aux questions que je regroupe sous la problématique de la spiritualité. Cela ne vous empêchera, par exemple, ni de mourir, ni de vieillir – au passage, voici une question tout à fait extra-morale : À quoi sert de vieillir ? Cela ne vous empêchera pas de perdre un être cher, d'avoir un enfant qui a une maladie fatale, qui passe sous une voiture, qui a un accident, ou même un accident de la vie simplement. Cela ne vous empêchera même pas, le cas échéant, d'être malheureux en amour. L'histoire de la littérature moderne, depuis *La Princesse de Clèves* jusqu'*À la recherche du temps perdu* est remplie d'hommes épatants, de femmes formidables, dont la vie amoureuse tourne au désastre : cela, à nouveau, n'a rien à voir avec la morale. Vous pourrez encore vous ennuyer ou éprouver le sentiment de la banalité de la vie quotidienne, rêver d'une autre vie qui serait, comme dit l'autre, « ailleurs » : l'ennui et la banalité ne relèvent pas non plus de la sphère morale.

En d'autres termes, et c'est là où je voulais en venir, nous avons tendance aujourd'hui, sans même nous en apercevoir, à confondre la question morale, qui est fondamentalement celle du respect de l'autre et de la bienfaisance, avec ces questions existentielles que je qualifie de spirituelles et qui n'ont rien à voir avec la première problématique : questions de la mort, de l'amour, du deuil de l'être aimé, de la vieillesse, de l'ennui, de la banalité quotidienne, etc.

Nos sociétés ont développé de fort belles morales du respect de l'autre, elles ont en plus la liberté d'entreprise (d'où la définition que j'en donne : « les droits de l'homme + le marché ») mais, en termes de spiritualité, elles en sont quasiment au niveau zéro. À tout le moins, que nous soyons croyants ou athées, nous devrions pouvoir partager ce constat de départ. De ce point de vue, je me définirais volontiers comme un chercheur de cette spiritualité laïque dont il y a des exemples dans l'histoire : la mythologie grecque, le stoïcisme, peut-être même une partie du bouddhisme (encore que, vu d'un peu plus près, il soit tout rempli de dogmes), en tout cas l'essentiel de la philosophie… Peut-être aurons-nous l'occasion plus tard d'y revenir, de nous interroger sur ce que peut signifier cette expression volontairement paradoxale : « spiritualité laïque ». En tout cas, il me fallait, pour mettre en perspective les réflexions qui vont suivre, commencer par cette distinction, à mes yeux tout à fait cruciale, entre morale et spiritualité.

J'en viens maintenant aux deux mouvements, aux deux tendances lourdes et de sens contraire, dont je parlais tout à l'heure, en commençant mon intervention.

Le premier mouvement, je l'ai suggéré, va radicalement à l'encontre du noyau dur de la pensée chrétienne : c'est un mouvement de déconstruction de ce qu'il y a de traditionnel (quand je dis traditionnel, ce n'est pas un terme péjoratif, mais simplement un concept à prendre au sens propre, de ce qui est « transmis » comme un héritage) dans le message chrétien. Nous avons vécu un XXe siècle tout entier voué à la déconstruction – et, en cela, il ne ressemble à aucun autre. Nous avons déconstruit la tonalité en musique, la figuration en peinture, les règles traditionnelles du roman, les différentes figures du Surmoi ou, comme on disait en 1968, de la « morale bourgeoise ». Bref, toutes les valeurs traditionnelles ont été passées à la moulinette de la déconstruction. Pour le dire tout simplement, en prenant des exemples dans la vie quotidienne et non seulement dans la haute culture d'avant-garde, la condition féminine a changé peut-être davantage en cinquante ans qu'en cinq cents ans. Dans le même sens, le village de mon enfance, le village de campagne dans lequel j'ai passé les premières années de ma vie, a lui aussi changé probablement davantage en cinquante ans qu'en plusieurs siècles. Au temps de ma naissance – il y a très longtemps et pas très longtemps à la fois – il n'y avait qu'une seule voiture, la Bugatti de mon père, parce qu'il était pilote Bugatti. Pour le reste, c'étaient encore des chevaux. Nous allions chercher les œufs et le lait à la ferme, comme dans les siècles passés. On faisait les foins à la faucille, sans machines ; on se chauffait avec les cheminées et, le matin, il fallait moudre le café dans un moulin à bras. Quand je dis cela à ma fille, qui a dix-sept ans, elle ne sait même pas de quoi je parle. Prenez encore le cas de l'école. Pour mesurer le changement, il suffit de se souvenir des films des années trente ou quarante, par exemple du magnifique *Topaze* de Pagnol, avec Jouvet dans le rôle titre. Vous vous souvenez tous de la dictée, de ces fameux « moutooonssses qui étai-eunnt dans le pré ». Comparez-le à des films récents, *Entre les murs*, par exemple, et vous concevrez sans peine que si le malheureux Jouvet avait pu voir une classe un peu difficile d'aujourd'hui, il aurait sans doute succombé d'une crise cardiaque dans le quart d'heure...

Qu'est-ce qui a fait changer à ce point le paysage et fait émerger en à peine quelques décennies celui où nous nous inscrivons aujourd'hui ? En d'autres termes, quel fut le vrai moteur de cette incroyable déconstruction des valeurs traditionnelles à laquelle nous avons assisté en quelques années, ce bouleversement inouï de notre rapport aux traditions qui a conduit aussi à une formidable émancipation de l'individu au fil d'une histoire qui fut celle de ce que j'appelle « l'individualisme révolutionnaire », la révolte des individus contre les traditions ? Car, évitons le malentendu : je ne plaide nullement, comme vous verrez, pour un retour en arrière et je n'ai guère de nostalgie. Simplement, j'essaie de comprendre ce qui s'est passé.

En première approximation, on pourrait dire – mais on verra dans quelques instants que pour comprendre ce mouvement il faut aller beaucoup plus loin – que ce au nom de quoi les valeurs traditionnelles furent ainsi déconstruites, c'est ce qu'on a appelé en 1848 « la vie de bohème » ou encore « l'avant-gardisme », dont l'histoire va de Saint-Simon jusqu'aux situationnistes et Mai 68. Cet individualisme révolutionnaire, cette révolte incessante et de plus en plus profonde des individus contre les autorités et les principes traditionnels – à commencer, bien sûr, par les principes religieux (c'est pour cela que j'en parle, je ne m'évade pas du sujet) – prend son essor au milieu du XIXe siècle. La notion de « vie de bohème » apparaît d'ailleurs pour la première fois dans le titre d'un ouvrage en 1848. Il s'agit des *Scènes de la vie de bohème* : c'est un livre qu'on a oublié très largement aujourd'hui mais que je vous conseille de lire ou de relire, parce qu'à défaut d'être un grand livre, il est fort intéressant comme symptôme d'une évolution

particulièrement parlante. Son auteur est un
jeune Allemand qui s'est installé en France,
Henry Murger. Son œuvre conserve encore
aujourd'hui une certaine notoriété parce qu'elle
a servi de base au livret du fameux opéra de Puc-
cini, *La Bohème*. Henry Murger y raconte l'histoire de ces jeunes gens qui « déconstruisent » les
valeurs traditionnelles au nom d'un idéal de vie
en tout point opposé à celui des philistins. Les
bohèmes mangent du bourgeois tous les matins
au petit déjeuner. Ils détestent tout ce qui est
autoritaire, tout ce qui est lié aux valeurs religieuses évidemment. Ils veulent faire table rase
du passé pour inventer un monde radicalement
neuf, notamment dans l'art. Et ils se donnent
des noms qui vont passer dans le langage courant, mais dont nous avons la plupart du temps
oublié l'origine. Ils s'appellent les « Je-m'en-fou-
tistes » car ils se « foutent » de la réussite sociale.
Ils s'appellent les « Fumistes », parce qu'ils
fument de l'opium dans de petites pipes en
écume. Ils s'appellent encore les « Hirsutes » à
cause de leurs cheveux longs et de leurs petites
barbiches : ils n'ont pas le cheveu civilisé, ils
ne sont pas, au sens propre, « polis », « embour-
geoisés ». Ils se nomment encore les « Hydro-

pathes », parce qu'ils sont « fous » de ne pas
chercher la réussite sociale, ou les « Incohé-
rents » parce qu'ils inventent des objets surréalistes avant la lettre, des balançoires de murs ou des
peignes pour chauves, afin de « choquer le bourgeois », justement. Ces jeunes gens, soixante-
huitards avant la lettre, sont les premiers à
mettre en place et tenter d'incarner dans leur vie
les principes de cet avant-gardisme, de cette
déconstruction qui fait table rase du passé et qui
va, au XXᵉ siècle, s'épanouir comme jamais dans
l'histoire de l'humanité. Dans ce mouvement de
la société contemporaine, les valeurs traditionnelles quelles qu'elles soient, à commencer bien
sûr par les valeurs religieuses, vont être empor-
tées par le maelström de la déconstruction.

Mais, ne vous y trompez pas, les bohèmes ne
sont des déconstructeurs qu'en apparence. En
vérité, si le village de mon enfance a changé
davantage en cinquante ans qu'en cinq cents
ans, ni Picasso ni Braque ni Schönberg n'en sont
responsables. C'est le mouvement du capitalisme mondialisé qui est derrière cette apparence
de déconstruction bohémienne. De ce point de
vue, les bohèmes n'ont été que le bras armé des
bourgeois, pour ne pas dire les cocus de l'his-

toire ! Car sous les pavés, il n'y a jamais eu la plage : il y avait la mondialisation libérale. Je vais le dire d'une phrase, mais on pourrait y consacrer un séminaire d'une année sans difficulté : *il fallait que les valeurs traditionnelles fussent détruites ou à tout le moins déconstruites pour que nous puissions entrer dans l'ère de l'hyperconsommation dans laquelle nous sommes aujourd'hui plongés et que le capitalisme requiert pour son épanouissement.* Pourquoi ? Tout simplement pour la raison suivante : si nous avions encore les valeurs traditionnelles, celles de mon arrière-grand-mère, nous ne consommerions pas autant que le requiert l'univers capitaliste. Si mon arrière-grand-mère revenait sur cette terre et qu'elle voyait un grand centre commercial, elle trouverait cela – je puis vous l'assurer, je l'ai bien connue – dégoulinant de bêtise et d'obscénité. Elle trouverait que cela nous écarte des vraies valeurs qui sont les devoirs envers autrui, et aussi les devoirs envers soi-même.

Plus que les soixante-huitards, les situationnistes, les surréalistes ou les cubistes, le véritable artisan de la déconstruction c'est – pour parler comme le regretté Georges Marchais – le « grand capital » : encore une fois, il fallait que les valeurs traditionnelles fussent déconstruites pour que la mondialisation libérale puisse s'épanouir. Comme je l'ai écrit il y a déjà bien longtemps, la « Pensée 68 » ne fut rien d'autre que la superstructure de l'épanouissement du capitalisme mondialisé qu'elle se donnait faussement l'air de déconstruire : sans la déconstruction des valeurs dites « bourgeoises », sans la liquidation de ce que Weber appelait l'éthique protestante, la bourgeoisie ne serait pas ce qu'elle est devenue aujourd'hui. La preuve ? Qui achète aujourd'hui les œuvres des bohèmes ? Les bourgeois, bien évidemment, et c'est Pompidou, le président le plus philistin de toute l'histoire de la République qui fait entrer ce stalinien de pure obédience que fut Picasso de son vivant au Louvre, ce qui n'était jamais arrivé pour aucun autre peintre. Et c'est Jacques Chirac qui créera le plus grand centre de musique contemporaine, l'Ircam de Pierre Boulez... Dans la figure bien connue du bobo, on peut lire la réconciliation ultime du bourgeois et du bohème et c'est peu de dire qu'aujourd'hui, la hache de guerre est enterrée. Qui achète les Rothko ou les Basquiat aujourd'hui ? Certainement pas l'ouvrier. Il n'en a pas les moyens, mais s'il les avait, il serait sans doute comme moi : il préférerait, comme on dit dans les familles, que « ce soit bien peint » ! Ce sont aujourd'hui les grands chefs d'entreprise qui soutiennent l'art contemporain, car ils se reconnaissent parfaitement dans la logique de l'innovation radicale qui est aussi la leur : dans une société dominée par l'impératif absolu du *benchmarking*, celui qui n'innove pas sans cesse disparaît purement et simplement ; de sorte que nos chefs d'entreprise sont les Picasso de la marchandise. Quant à mes amis soixante-huitards, tous ou presque, se sont reconvertis dans le *business*. La société de consommation n'est plus, là encore c'est un euphémisme, leur ennemie depuis belle lurette. En d'autres termes, Marx avait raison : le capitalisme, c'est la révolution permanente ; et les bohèmes, les déconstructeurs, pourtant souvent « de gauche », lui ont merveilleusement servi la soupe en faisant table rase de toutes ses traditions qui ne servaient plus, en fin de compte, qu'à freiner le mouvement de la consommation universelle…

Je suis un républicain libéral, pas de malentendu, et je n'ai pas l'intention de rejoindre le NPA. Mais ce n'est pas parce qu'on est un libéral qu'on est obligé d'être idiot, d'être aveugle face aux effets pervers ou aux méfaits, à tout le moins, de l'univers que par ailleurs on défend. Je dirais de la mondialisation libérale ce que Churchill disait de la démocratie : c'est le pire des systèmes à l'exception de tous les autres, les deux membres de la proposition étant d'une égale importance.

Voici donc pour le premier courant de fond que je voulais évoquer et qui explique largement le déclin, au moins quantitatif, des religions en Europe. Ailleurs, cela va de soi, il en va autrement, mais nous parlons ici, faut-il le rappeler, d'un mouvement de sécularisation qui est propre exclusivement à l'Occident européanisé. Face à l'effet déconstructeur de la mondialisation, je voudrais maintenant vous soumettre la deuxième idée que j'évoquais en commençant, celle qui m'aide à décrire un courant qui remet comme jamais en selle, si elles en avaient besoin, un certain nombre de valeurs parmi les plus profondes du christianisme et, en particulier, la valeur, cardinale entre toutes, celle de l'amour.

Je pense ici à ce fameux épisode évangélique de la mort de Lazare qui m'a toujours frappé depuis le temps de mon éducation chrétienne, et qui me fascinait déjà à l'âge de cinq ans, lorsque j'avais la chance d'aller au catéchisme chez les prêtres ouvriers de ma paroisse. Quand le Christ perd son ami, souvenez-vous qu'il pleure (ce que, pour d'autres raisons, Bouddha ne saurait faire). Le Christ pleure parce qu'il fait l'expérience de la contradiction entre l'amour et la mort, cœur de l'expérience du deuil. Souvenez-vous aussi que, dans le texte de l'Évangile, il est dit que Lazare était si réellement mort qu'il sentait mauvais, c'est-à-dire que la chair était décomposée. C'est important, car il n'est pas ici question que d'esprit. Ce qui est en jeu, c'est l'horizon de la résurrection, résurrection bien réelle de la chair, résurrection de ce que les chrétiens vont appeler le « corps glorieux ». J'en profite pour souligner que la promesse chrétienne est, de ce point de vue, à nulle autre pareille puisqu'on nous promet dans le christianisme la résurrection des corps et des âmes, et pas seulement celle des esprits. Le christianisme nous garantit que nous allons retrouver la personne que nous avons aimée, pourvu que nous ayons vécu – comme dit saint Augustin – l'Amour « en » Dieu (il faudrait plus de temps que je n'en ai ce soir pour expliquer ce qu'est cet Amour « en » Dieu, cet amour qui relie dans un troisième terme et dont saint Augustin parle, notamment dans un passage magnifique des *Confessions*, à propos de la mort de sa mère). Nous allons retrouver ceux que nous aimons corps et âmes. Se pose alors une grande question : avec quelle tête et à quel âge ? À deux ans, à quatre-vingts ans ? La réponse chrétienne, que je rappelle très vite, tourne autour de la problématique du « corps glorieux » : nous allons les retrouver avec la voix que nous avons aimée, le visage que nous avons aimé, le regard que nous avons aimé… La contradiction entre l'amour et la mort peut donc être levée et, comme le dit le Christ à propos de son ami Lazare : l'amour est plus fort que la mort. Je pense – mais ce n'est pas original : saint Paul passe son temps déjà à le dire aux Juifs – que ce message est à l'évidence le plus important au sein du christianisme et c'est, je le crois aussi, celui qui fascine encore aujourd'hui le plus. Même si l'on n'y croit plus, en tout cas plus comme avant – déconstruction oblige – il a du moins le mérite de toucher une question, j'allais dire « LA » question qui nous intéresse tous le plus et qui, dans le contexte actuel, reçoit même une vigueur jusqu'alors inconnue, pour ne pas dire, une vie nouvelle.

Que s'est-il donc passé en Europe pour que ces valeurs chrétiennes reçoivent une vie nouvelle ? Il s'est passé une chose extraordinaire, un événement qui sauve à mes yeux le capitalisme libéral, car ce dernier en est paradoxalement à l'origine : l'invention du mariage d'amour – une histoire que je trouve toujours magnifique, et c'est d'ailleurs pour cela que je lui ai consacré un livre. Pour la comprendre un tant soit peu, il faut garder à l'esprit quelques éléments factuels qu'on a tendance à négliger aujourd'hui dans nos débats sur la famille. D'abord, il faut savoir qu'au Moyen Âge, on ne se marie jamais par amour. Dans son livre *La Vie conjugale sous l'Ancien Régime*, mon ami François Lebrun, un de nos meilleurs médiévistes, montre que les motifs du mariage n'ont alors rien à voir avec les sentiments. On se marie pour des motifs biologiques liés au lignage, à la transmission du nom, du patrimoine, et pour des motifs économiques : il faut faire vivre la ferme. Deuxième remarque, pour mettre le tableau en perspective : quoi qu'il en soit des motifs de l'union, on ne *se* marie jamais au Moyen Âge, on *est* marié. Tout cela, en effet, s'effectue au passif. On est d'ailleurs marié, non pas seulement par ses parents, mais aussi par le village tout entier. Une pratique en témoigne comme nulle autre, c'est la pratique du charivari, qui domine la vie conjugale en France et dans une partie de l'Europe du Moyen Âge. Étant donné que c'est le village tout entier qui a marié les jeunes gens, c'est aussi le village tout entier qui doit rappeler la loi de la cité quand elle n'a pas été respectée. Quand un mari est trompé ou, pire encore, battu par sa femme, il est ainsi fréquent qu'on place le malheureux à l'envers sur un âne, qu'on le promène dans le village, qu'on l'arrose de peinture rouge, qu'on lui tape un peu sur la tête, qu'on lui crache à la figure, qu'on lui jette des légumes pourris. Puis on remet les infortunés époux dans la maison, et on tape pendant quarante-huit heures avec des pelles, des pioches, des bêches, des poêles, des casseroles, tout ce qui peut faire du bruit : c'est ça le charivari. Cet usage est symboliquement très important : il veut dire que le mariage n'est pas une affaire privée, mais l'affaire de la communauté qui a marié les individus. Au demeurant, les portes et les couloirs ne feront guère leur apparition dans les maisons avant le XVIIIe siècle, signe que l'intimité n'existe pas au sens où nous l'entendons aujourd'hui.

Quel rapport avec le capitalisme moderne, qui a déconstruit les valeurs traditionnelles selon cet étrange processus dont les bohèmes n'ont été que les instruments ? Eh bien, le voici : paradoxalement, c'est le capitalisme qui va inventer le mariage d'amour, avec à la clé une modification radicale du rapport à autrui, modification radicale qui, pour le coup, va dans le sens du christianisme. Le capitalisme invente en effet le mariage d'amour par un biais assez simple, mais très profond. Lorsqu'il invente le marché du travail et crée le salariat, ce dernier va conduire à ce que les individus, qui étaient mariés de force dans ces communautés à la fois religieuses et paysannes qu'étaient les villages de France, « montent » travailler, comme on dit, à la ville. Or dans cette ville, qui les éloigne à jamais du village paysan de leur enfance, ils vont paradoxalement bénéficier d'une double liberté. Prenons l'exemple de la petite Bretonne qui se retrouve ouvrière dans une fabrique de sardines, ou domestique dans une maison bourgeoise. Elle bénéficie d'abord de l'anonymat : elle échappe au regard du curé, des parents et du village qui la marient de force. Émancipation inimaginable pour elle si elle restait dans son « habitat » d'origine. Mais, en plus de cet anonymat libérateur, au moins dans un premier temps, elle reçoit une autre grande liberté : elle va disposer, pour la première fois de sa vie, d'un salaire. Oh, il est modeste, ce salaire, c'est un petit pécule, mais il va lui donner malgré tout une certaine autonomie matérielle dont elle n'avait pas même l'idée au départ. Cette jeune fille qui a échappé au village qui la mariait de force, au charivari et aux traditions locales, et qui, en même temps, dispose d'une autonomie financière, d'un salaire si maigre soit-il, va évidemment décider, non plus d'être mariée par contrainte, mais de se marier par liberté, et du coup, si possible, de se marier par amour et non pas par obligation. Avec ce mouvement extraordinaire d'émancipation de l'individu que représente, contrairement à ce que dit Marx, le salariat, le capitalisme invente ainsi le mariage d'amour. Avec lui viendra aussi la vie privée…

Il y aurait mille choses à dire sur cette révolution de l'intimité, et notamment sur ses effets en profondeur sur la vie collective, publique et politique. Notons seulement que cette innovation que représente le mariage d'amour va entraîner deux conséquences proprement révolutionnaires.

La première ne plaira sans doute pas ici : l'invention du mariage d'amour, c'est, inévitablement, il faut le dire, l'invention du divorce, et ce pour une raison de fond. Si vous fondez le mariage sur le sentiment et non plus sur le lignage ou l'économie, alors bien évidemment, lorsque le sentiment disparaît, la séparation se profile à l'horizon. En d'autres termes, qui vont à l'encontre de toutes les idées reçues, ce n'est pas parce que la famille va mal qu'on divorce, c'est parce qu'elle est fondée sur l'amour ! Lisez sur ce point la très pertinente et ironique nouvelle de Maupassant intitulée « Jadis » : elle vous dira l'essentiel.

Deuxième conséquence : cette histoire de la famille moderne va entraîner une véritable sacralisation de l'individu, notamment à travers un phénomène relativement nouveau (bien sûr, il existait avant, mais il va prendre une tout autre dimension), celui de l'amour des enfants. La sacralisation doit s'entendre ici en un sens bien précis, qui n'est pas nécessairement idolâtre : j'appelle en l'occurrence « sacré » ce pour quoi on peut se sacrifier, donner sa vie ou du moins la risquer. Or, au terme de cette histoire de la famille moderne et du mariage d'amour, je prétends qu'en Europe, pour l'essentiel, les seuls êtres pour lesquels nous pourrions donner notre vie aujourd'hui, ce sont, non des entités abstraites, mais des êtres humains, à commencer bien sûr par ceux que nous aimons. Mais par extension, par sympathie, au sens propre du terme, nous le ferions parfois aussi pour d'autres êtres, pas seulement pour les proches, mais aussi pour le prochain, comme en témoigne l'expansion sans précédent des logiques humanitaires et caritatives. En tout cas, cette sacralisation de la personne n'avait jamais existé à un tel degré auparavant. Au Moyen Âge, la mort d'un enfant était parfois moins importante que celle d'un cheval. Montaigne, par exemple, écrit à l'un de ses amis : « J'ai perdu deux ou trois enfants en nourrice. » Est-ce qu'il y a un père de famille dans l'assemblée qui oserait écrire une phrase de ce type ? Cela n'a même plus de sens... Quant à Rousseau, l'auteur de l'*Émile*, il a abandonné ses cinq enfants, ce qui était courant à l'époque. Dans un autre genre, Bach et Luther ont chacun perdu plusieurs enfants : ils en ont eu du chagrin, bien sûr, mais enfin, cela faisait partie de la vie et on s'en remettait. Ce n'est plus le cas aujourd'hui et tous les parents qui sont dans cette église m'accorderont sans difficulté que le deuil d'un enfant, et plus généralement de tout être aimé, est la pire chose qui puisse arriver à quelqu'un…

Je conclurai par trois observations, très condensées, bien sûr, et je vous en demande par avance pardon, pour laisser au plus vite la parole au cardinal Barbarin.

La première touche à un certain tragique de la condition de l'homme moderne : car c'est par un même mouvement que nous nous éloignons des religions et que nous entrons dans la logique de l'amour. Vous voyez bien, si l'on suit l'histoire de la naissance du mariage d'amour, qu'elle est liée à une émancipation des individus par rapport à des communautés d'origine, les villages de paysans, qui étaient soudées par la religion. En d'autres termes, ma petite Bretonne de tout à l'heure s'éloigne de la religion et entre dans une logique sentimentale lorsqu'elle décide de se marier par amour au lieu d'être mariée par sa famille. Au passage, c'est évidemment comme cela qu'est née la laïcité en Europe, pas par l'histoire des idées, mais par celle des familles. Ce

qui aboutit à terme à une situation, en effet tragique : nous sommes par le même mouvement,
tout à la fois moins protégés et plus exposés que
jamais. Moins protégés face à la contradiction
entre l'amour et la mort par les filets de sécurité
des religions, et plus exposés que jamais aux
effets dévastateurs de cette contradiction. La
multiplication des cellules psychologiques au
moindre accident d'avion en témoigne de façon
dérisoire…

Deuxièmement, la logique de l'amour fait que
la question du deuil de l'être aimé, en quelque
sens qu'on l'entende, deuil dans la vie sous
forme de séparation ou mort biologique propre-
ment dite, devient la question fondamentale, la
pierre d'achoppement de nos sociétés laïques. La
morale n'est ici d'aucune aide. Pour affronter le
deuil d'un enfant, le deuil d'un amour, la
morale, le respect des droits de l'homme ne servent absolument à rien. D'où la quête de spiritualité qui anime fondamentalement nos
contemporains. Et l'épisode de Lazare devient
alors incroyablement parlant, même pour les
non-croyants. C'est ce qui me fait penser que, si
j'étais un croyant, ce que je ne suis plus, j'aurais

un boulevard, si je puis dire, pour raconter un mythe aussi merveilleux que celui de la mort de Lazare.

Troisième conclusion : la philosophie va redevenir ce qu'elle était fondamentalement dans l'Antiquité, à savoir, comme la religion, une doctrine du salut, mais lucide, par la raison et par soi-même, plutôt que par Dieu et par la foi. Cela est vrai de toutes les grandes philosophies, y compris les plus laïques, y compris les plus matérialistes. Même Spinoza, même Nietzsche, même Heidegger sont, en dernière instance, d'immenses penseurs du salut. Le salut, d'après le dictionnaire, c'est le fait d'être sauvé d'un grand danger ou d'un grand malheur. De quel grand danger, de quel grand malheur s'agit-il ici ? On y revient toujours : c'est la question de la finitude et de la mort, et notamment du deuil de l'être aimé. Spinoza nous parle de la béatitude, Nietzsche de l'innocence du devenir et de l'*amor fati*, Heidegger de sérénité, de *Gelassenheit*… Tous trois cherchent à nous indiquer *in fine* les voies de la vie bonne, hors illusion, en toute lucidité… C'est en ce point, et nulle part ailleurs, qu'apparaît la grande différence, la différence fondamentale entre spiritualité religieuse et spiritualité laïque ou philosophique, si on va à l'essentiel.

La religion nous promet en quelque façon que nous pouvons être sauvés de la mort, et de la crainte qu'elle suscite, par un Autre qui est Dieu et par la foi. La philosophie nous promet qu'on peut être partiellement sauvé de cette peur non pas par un Autre qui serait Dieu, ni par la foi, mais par soi-même, par l'humain, avec les moyens du bord et par la lucidité de la raison. C'est pourquoi d'ailleurs, dans tous les grands textes chrétiens, d'Augustin à Pascal, les philosophes sont décrits comme des arrogants. Augustin les apostrophe en disant toujours : « Vous, les superbes », les prétentieux, vous qui prétendez pouvoir vous en tirer par vous-mêmes. Mais non, sans l'aide de Dieu, vous n'y arriverez pas… En un sens, il a raison : la philosophie ne remplacera jamais tout à fait la religion, elle ne peut pas promettre sérieusement la résurrection des morts ! Elle cherche autre chose, et si cette liberté semble arrogante aux yeux du chrétien, elle est d'un autre point de vue plus humble et plus modeste…

Voilà pourquoi aussi le grand débat

d'aujourd'hui, à mes yeux, n'est pas un débat qui opposerait seulement morale et spiritualité, mais encore spiritualité philosophique et spiritualité religieuse.

INTERVENTION
DE PHILIPPE BARBARIN

C'est avec joie et amitié que je vous salue tous. Je remercie le père Matthieu Rougé de son invitation. Et je vous remercie, Monsieur le Ministre, de ce que vous venez de dire et qui amorce un débat de fond.

Parce que nous sommes dans la semaine qui prépare la Pentecôte, donc dans le temps de l'Esprit, je voudrais citer un passage de l'épître aux Romains : « L'Esprit Saint vient au secours de notre faiblesse » (Rm 8, 26). Il vient aider nos esprits, nos pauvres esprits, à chercher la vérité, le chemin du bonheur.

Chaque fois que j'entends la question du devenir du christianisme au XXIe siècle, notre sujet de ce soir, je sens pointer un brin d'angoisse. Les effectifs ont baissé, les évêques n'ont plus beaucoup de séminaristes ou, pour le dire comme le prophète Habaquq, il n'y a « pas de récolte dans les vignes, le fruit de l'olivier a déçu, l'enclos s'est vidé de ses brebis » (Ha 3,17).

Saint Paul donne à cette interrogation, dans l'épître aux Philippiens, une réponse chrétienne simple et profonde. C'est un texte que je lis tous les soirs avant de me coucher : « Soyez toujours dans la joie du Seigneur ; laissez-moi vous le redire [sans doute parce qu'on en a besoin] : soyez dans la joie. Que votre sérénité soit connue de tous les hommes. Le Seigneur est proche. Ne soyez inquiets de rien » (Ph 4, 4-6). Puis il invite à continuer dans la prière : « En toute circonstance, dans l'action de grâce priez et suppliez pour faire connaître à Dieu vos demandes. Et la paix de Dieu, qui dépasse tout ce qu'on peut imaginer, gardera votre cœur et votre intelligence dans le Christ Jésus. »

Il est important de s'interroger sur le futur certes, mais je ne voudrais pas que cela conduise à fuir le présent. C'est le présent que nous avons à vivre, avec son lot de grâces et de joies, mais aussi d'épreuves. Or, quel constat pouvons-nous faire ? Ce sera ma première réflexion, et elle offre un bilan assez contrasté, finalement.

Des pans entiers s'effondrent, des congrégations religieuses ne se renouvellent plus, des séminaires ferment, des églises se vident, le taux de pratique a diminué… Dans la logique d'un monde comme le nôtre, où les statistiques ont une grande importance et où les médias insistent sur les pourcentages, ces choses-là comptent beaucoup.

Seulement voilà, le fond de la vie de l'Église n'a jamais reposé sur la quantité mais sur la grâce, et c'est une tout autre logique. L'Église a connu des épreuves épouvantables et des périodes de très grande croissance, d'expansion impressionnante. L'analyse du présent doit donc être mise en proportion avec les méandres et les aléas de l'histoire. Je ne fais pas cette remarque pour esquiver les bilans et leurs conclusions, mais pour me tourner vers la seule question essentielle. Dans la situation actuelle, Dieu nous fait signe. Que devons-nous faire aujourd'hui ?

Dans la liturgie de ce jour, nous lisions un passage des Actes des Apôtres, au chapitre 20. Paul, après de grands succès à Philippes ou à Thessalonique, et des épreuves, disons même quelques échecs, à Corinthe et à Athènes, retourne en Asie, passe à Milet où il fait appeler les anciens d'Éphèse et leur tient une sorte de discours d'adieu, avant de partir à Jérusalem. Il leur dit avoir beaucoup souffert et, en même temps, avoir vécu des moments extraordinaires. Mais, pour lui, tout cela est de peu d'importance, pourvu qu'il accomplisse le ministère reçu du Seigneur Jésus : « Annoncer l'Évangile de la grâce de Dieu » (Ac 20, 24).

Paul connaît de grandes joies qu'il ne cache pas. Il est même parfois tellement heureux qu'on a l'impression de l'entendre se vanter. Mais, à d'autres moments, on le sent complètement accablé : il écrit aux Corinthiens, qui l'ont fait beaucoup souffrir, qu'il se sent « harcelé, mais non pas abandonné, terrassé mais non pas anéanti » (2 Co 4, 9). Il ne cache pas ses sentiments, qui peuvent être tumultueux, comme les nôtres. Pourtant, il nous fait comprendre qu'il a *une* mission et qu'elle est devant lui. Même si des choses se sont effondrées à côté de moi, semble-t-il dire dans le discours d'adieux aux anciens d'Éphèse, de toute façon, ma mission et mon avenir demeurent : ce que je dois faire, c'est annoncer aujourd'hui l'Évangile de la grâce de Dieu. Je laisse tout, je suis obligé de me rendre à Jérusalem, vous ne reverrez plus mon visage. Mais voici les consignes que je vous laisse…

Aujourd'hui, en France, j'entends beaucoup d'oiseaux de malheur, qui disent que le christianisme s'effondre, tant les effectifs ont fondu. Mais nous voyons aussi beaucoup de lueurs d'espoir, et nous constatons de nombreux élans missionnaires, qui sont le signe d'un étonnant renouveau spirituel. Nous recevons des demandes de gens qui arrivent « de loin », de milieux complètement athées. Il n'est pas rare de voir des musulmans entrer dans les églises et dire : « Donnez-moi un Nouveau Testament. Est-ce que je pourrais être baptisé ? » On est toujours un peu surpris par ce genre de demandes, parce que, dans le monde, peu de choses appellent à la vie spirituelle, et la publicité ne va pas d'abord dans cette direction. Mais c'est un fait.

Si d'un côté les effectifs diminuent, le nombre des catéchumènes adultes a augmenté de 1 200 %, en quelques années. Le mouvement est logique : comme il y a moins d'enfants baptisés, les adultes qui découvrent le Christ et demandent le baptême sont de plus en plus nombreux. Combien ai-je entendu d'étudiants, ou de jeunes adultes, dont la vie était parfaitement réussie, me dire : « On m'a tout appris, mes parents m'ont tout donné, sauf l'essentiel. Je viens de découvrir cela : j'ai rencontré des chrétiens, animés d'une joie que je n'ai pas. Alors voilà, malgré tous mes diplômes dont je suis très heureux, il me manque la vie de Dieu, et je viens vous voir, car je voudrais maintenant être baptisé » ?

À côté de toutes les formes de renouveau, il y a d'autres mouvements que l'on ne voit pas et qui traduisent un vrai printemps spirituel, un élan d'évangélisation aussi. Beaucoup d'initiatives étonnantes sont prises un peu partout.

Un séminariste m'a dit récemment : « Monseigneur, l'année prochaine, j'aimerais que vous me donniez une année de stage pour aller découvrir de nouvelles méthodes d'évangélisation. » Je lui ai dit : « Très bien, je te la donne volontiers ; de tout ce que tu découvriras, notre diocèse profitera aussi, plus tard, dans ton ministère. » Cette demande vient donc d'un jeune homme de vingt-deux ans, qui veut être prêtre à Lyon. Lui qui a grandi dans le cadre d'une famille profondément catholique et d'une paroisse fervente, sent le besoin de voir d'autres choses et de renouveler le diocèse qu'il s'apprête à servir.

Renouveau théologique aussi. Il y a sept ou huit ans – j'étais alors évêque de Moulins –, j'évoquais avec le cardinal Ratzinger, depuis devenu le pape Benoît XVI, le projet que nous avions à quelques-uns d'organiser un rassemblement de théologiens sur le thème : « Comment le Catéchisme de l'Église catholique est-il reçu, dans le monde francophone, dix ans après sa publication ? » Et le cardinal Ratzinger, qui connaît les difficultés actuelles de l'Église de France, m'a dit : « Vous, les Français, vous vous plaignez, mais vous ne vous rendez pas compte de la chance que représente votre renouveau théologique ! En Allemagne, nos professeurs de théologie peuvent être rémunérés par l'État, mais notre théologie manque de feu, de renouveau. Et quand je vois dans votre pays le renouveau apporté par le *Studium* de l'École cathédrale à Paris, par celui des Dominicains à Toulouse, des Frères de Saint-Jean, ou par le *Studium* Notre-Dame de Vie à Venasque, franchement, je ne vois pas aujourd'hui dans le monde un pays où l'élan, le renouveau théologique soient aussi grands qu'en France. »

Évêque français, j'étais tout étonné par les propos du cardinal Ratzinger, parce qu'en France, de fait, j'entends souvent le contraire, un discours découragé. Une telle appréciation, venant du responsable de la Congrégation pour la Doctrine de la Foi, dont le ministère parcourt le monde entier, et qui est lui-même un grand théologien allemand, était pour moi comme un baume et un réconfort. Je me suis dit que nous ne connaissions pas notre chance.

Je pense aussi aux progrès impressionnants de l'œcuménisme. Maintenant, les chrétiens se considèrent comme des frères. Ils savent que, dans le cœur du Seigneur Jésus, l'unité des chrétiens existe, et c'est pourquoi ils disent : « Je crois en l'Église une… » Mais l'unité de ses disciples représente aussi pour le Seigneur un impératif majeur, qui occupe une place essentielle dans son ultime prière du dernier soir, avant sa Passion : « Qu'ils soient un, afin que le monde croie ! » (cf. Jn 17, 21.) Nous devons donc nous battre et tout faire pour que les chrétiens retrouvent le chemin de la pleine communion. Nous n'y aboutirons pas par nous-mêmes ou par la voie des négociations ; l'unité n'est pas celle, restrictive, du plus petit dénominateur commun, mais elle est une grâce qui nous sera faite, au jour que Dieu voudra. Elle arrivera, d'une manière aussi éblouissante qu'inattendue. En tout cas, il nous revient aujourd'hui d'agir en ce sens, au niveau où nous sommes, car l'unité et la communion sont la source du renouveau de la vie spirituelle.

On peut étendre cette réflexion au dialogue inter-religieux. C'est peut-être une des plus belles réalités que j'ai la chance de vivre à Lyon : le sentiment d'appartenir à une même famille, avec mes frères aînés les Juifs, et une amitié profonde, étonnante, bouleversante même pour moi, avec le responsable des musulmans de Lyon.

Chaque année, je me rends, pour le Yom Kippour, à la synagogue. Le grand rabbin me dit : « On vous aime, on vous attend. Vous êtes le meilleur de mes "paroissiens". Quand vous êtes là, il y a davantage de silence dans la synagogue. Les gens voient que vous priez, et tout le monde prie avec vous. Nous sommes très contents que vous veniez demander le pardon de vos péchés et des nôtres, ce qui est le principal de cette grande journée de prière et de jeûne qu'est le Yom Kippour. »

Le christianisme va-t-il bien ou mal en France, aujourd'hui ? En fait, je n'en sais rien. Et qui suis-je pour en juger ? De plus, ce n'est pas mon problème. Parce que, comme le dit Paul, ce que je dois faire, c'est accomplir aujourd'hui le ministère que le Seigneur Jésus m'a confié : annoncer l'Évangile de la grâce du Christ. Et cela, il est sûr que nous ne le faisons pas assez.

J'en suis convaincu, le christianisme est toujours devant nous. Ce n'est pas son avenir lointain que j'évoque ainsi ; je pense plutôt que c'est dans sa nature même, comme le suggère la phrase mise sur les lèvres de Jésus dans l'Apocalypse : « Voici que je fais toutes choses nouvelles » (21, 5). Elle signifie que le christianisme nous montre un avenir toujours renouvelé et source de joie, pour nous comme pour les autres, si nous voulons bien laisser le Christ agir en nous, si nous acceptons de nous laisser faire, refaire et… parfaire par Lui. Être enfin chrétien, voilà mon avenir, car il est clair que, malgré la grâce reçue, malgré mes promesses et mes engagements, de fait, je ne le suis pas encore vraiment.

Regardons, cependant, le passé. Le père Matthieu Rougé a cité saint Irénée. Il est vrai que, des 135 évêques de Lyon, une lumière exceptionnelle, unique, vient de lui, le second ! Il représente l'ouverture des Gaules au christianisme, la naissance de la théologie et de l'ère patristique, dans l'histoire de l'Église. Chrétiens d'Orient et d'Occident, tous considèrent Irénée comme le père des Pères de l'Église. Son enseignement est comme un premier jaillissement, et il demeure d'une actualité et d'une jeunesse bouleversantes. Dans tous mes voyages, en Arménie, à Constantinople ou en Russie, je constate combien nos frères les chrétiens d'Orient sont profondément attachés à saint Irénée. En le lisant, ils retrouvent le feu d'une théologie qui jaillit constamment de la Bible.

L'évangélisation de notre pays s'est faite méthodiquement, sur une idée d'un grand pasteur des premiers siècles, saint Martin. Il voulait faire en sorte que tous les habitants de la Gaule puissent aller à la messe sans marcher plus de vingt minutes. Voilà pourquoi en France, il y avait 36 000 paroisses qui sont devenues, en 1789, nos 36 000 communes. La France est, je crois, le seul pays d'Europe à en compter un si grand nombre.

Lorsque, dans un village de mon diocèse, il n'y a plus de prêtres et plus de messes, je me dis que, dans la logique de l'intuition de saint Martin, il faudrait que tout le monde, aujourd'hui, puisse aller à la messe en moins de vingt minutes en voiture. C'est la situation à laquelle nous arrivons, avec le regroupement de nos paroisses.

Une des difficultés de notre époque vient de ce que, après les persécutions et les grandes souffrances de la Révolution, nous avons connu un extraordinaire et très surprenant renouveau. Jamais, en vingt siècles d'histoire de l'Église, un pays catholique n'a connu une telle fécondité spirituelle. Savez-vous que plus de 60 % des églises de France ont été reconstruites entre 1850 et 1900 ? Le nombre de congrégations religieuses fondées en France au XIXᵉ siècle dépasse celui de toutes les autres fondations réunies. Que s'est-il passé ? En l'an 1900, une religieuse sur deux dans le monde était française, et 80 % des religieuses présentes dans les autres continents, lors de la naissance des jeunes Églises, en Afrique, en Amérique latine… venaient de France. Il y avait un prêtre dans tous les villages, un pour deux cents habitants dans l'ensemble de la France. On s'était presque habitué à cet état de choses. L'image du clocher au centre du village, comme une mère rassemblant ses poussins sous ses ailes, marque nos mémoires et nous rappelle ces origines, dont Luc Ferry et moi nous souvenons bien. Elle a même été célèbre en 1981, au moment de l'élection d'un président de la République qui savait à quel point cette évocation de la « force tranquille » allait toucher le plus profond de la vie des Français.

Nous étions forts de cet acquis. Mais, tout d'un coup, est arrivé un véritable tourbillon devant lequel nous sommes restés comme interdits. Beaucoup de repères ont sauté, dans la vie familiale et sociale ; le tissu ecclésial de notre pays s'est défait en quelques décennies. Je pense qu'il faut savoir raison garder : ce qui nous est arrivé entre 1850 et 1950 était une grâce exceptionnelle. Si nous en avons tiré orgueil, ce n'est pas ce que nous avons fait de mieux car l'orgueil est un péché, le plus grave de tous, dit la Bible. Ce serait commettre le même péché, en sens inverse, que de nous décourager sous prétexte que l'heure est difficile.

Que doit faire aujourd'hui l'Église ? Elle le sait, c'est simple, et c'est le cœur de sa mission, inchangée, toujours aussi utile et enthousiasmante : montrer le visage du Christ et continuer de semer la joie de l'Évangile, c'est-à-dire servir l'homme et l'homme tout entier.

Qu'est-ce que l'homme tout entier ? La Bible l'enseigne, et j'aime citer un passage de saint Paul qui résume cette anthropologie : « Que le Dieu de la paix lui-même vous sanctifie tout entiers, et qu'il garde parfaits et sans reproche votre esprit, votre âme et votre corps, pour la venue de notre Seigneur Jésus Christ » (1 Th 5, 23). Tout commence par le corps. Le jour de notre naissance est celui où l'on a vu notre corps apparaître. « ... Et surtout la santé », dit-on généralement au moment de présenter les vœux du nouvel an. Quand j'étais missionnaire à Madagascar, j'ai vu l'État laisser à l'Église le soin de soigner les sidéens, les lépreux, etc. Jamais encore je n'avais vu de malades atteints de la lèpre ou de la gale. Près de 30 % des établissements de soins du sida, dans le monde, sont tenus par l'Église catholique, parce que beaucoup d'États ne peuvent pas remplir cette mission.

Vient ensuite tout le domaine de la *psychè* : la personnalité, le cœur, l'éducation, la profession et la place sociale de chacun. En France, deux millions d'enfants sont scolarisés dans l'enseignement catholique, et de nombreuses congrégations éducatives féminines et masculines, depuis les Frères des Écoles chrétiennes jusqu'à la famille de saint Jean Bosco, permettent à des garçons et à des filles de devenir des femmes et des hommes debout, avec une intelligence libre et mûre, capables de prendre leurs responsabilités. C'est un service rendu par l'Église à leur humanité.

Mais quand l'homme est réduit à sa vie corporelle et à sa vie psychologique, il manque encore un élément essentiel, l'esprit, *pneuma*. Pour la vie spirituelle, il n'y a ni mesures ni notes, il n'y a pas de passage dans les classes supérieures, il n'y a même pas de crédit dans le budget de l'État ou des entreprises, donc pas de publicité.

Pourtant si quelqu'un a une « santé insolente », comme l'on dit, une profession extraordinaire avec un salaire élevé, mais qu'il est incapable d'avoir le moindre rayonnement de joie, de douceur ou de serviabilité, il devient vite insupportable. La vie spirituelle est un élément essentiel d'équilibre pour « l'homme tout entier », et c'est lui dont l'Église veut être la servante. Pour cela, elle a toujours à faire, et jamais elle ne sera en repos.

À aucune époque il n'y a eu de situation de chrétienté ; le christianisme tranquille n'existe pas. Celui qui prend sa situation de chrétien vraiment au sérieux dérange tout le monde, parce qu'il ouvre un avenir difficile et exigeant pour ses voisins, comme pour lui. Lors de la célébration des funérailles de Monseigneur Alfred Ancel, il y a une vingtaine d'années à Lyon, ses proches ont dit de l'oncle « évêque ouvrier » et ancien supérieur général du Prado : « Dans une famille comme la nôtre, avoir un prêtre comme Alfred Ancel, c'est assez inconfortable. » Cette belle parole signifiait que l'éclosion d'une telle vocation dans une famille montre à tous ses membres qu'être chrétien ne peut pas nous laisser au repos, dans le monde, si nous voulons vraiment que son « Règne vienne ».

Quand le roi Saint Louis quittait les banquets royaux pour aller soigner les lépreux et leur donner à manger en leur essuyant les lèvres afin que la viande, à l'époque toujours salée, ne les blesse pas trop, tout le monde se moquait de lui. Il répondait calmement : « Si je partais à la chasse ou si j'allais au bal, tout le monde trouverait cela normal, alors laissez-moi prendre soin des lépreux. »

Que l'amour de Dieu, l'amour d'un Père, atteigne enfin le cœur de tous ses enfants, voilà le but du christianisme. Nous avons donc devant nous un avenir extraordinaire.

DÉBAT ANIMÉ
PAR JEAN-MARIE GUÉNOIS

Jean-Marie Guénois

Vaste programme et peu de temps ! Je vous propose de structurer votre débat autour de quatre thèmes.

Le premier, je l'appellerai l'air du temps. On a l'impression que vous sentez le même air du temps : l'un parle de boulevard, l'autre d'étonnant renouveau. J'aimerais que vous échangiez d'abord sur ce thème-là : quel air respirons-nous aujourd'hui ? Sommes-nous bien d'accord sur le climat ?

Le deuxième thème, c'est l'état des lieux, le terreau. L'un récuse l'approche statistique : vous n'êtes pas le seul, Monseigneur, dans le corps épiscopal à porter la question sur le point existentiel, la mission du chrétien, mais à éluder la question statistique. Quel est le terreau, quel est vraiment l'état des lieux ? Je voudrais aussi avoir, sur ce sujet, l'avis du spécialiste des sciences politiques qu'est Luc Ferry.

Troisième question, celle de la méthodologie. Luc Ferry, vous avez été ministre de l'Éducation nationale ; vous avez travaillé sur la question des programmes. Comment aujourd'hui transmettre à des jeunes ce beau message dont le cardinal Barbarin a parlé ? Qu'est-ce qui ne fonctionne pas dans la transmission ?

Quatrième point, la question centrale, incontournable de la spiritualité, sur laquelle je vous remercie tous les deux d'être allés droit au but. Luc Ferry parle de spiritualité laïque et de spiritualité religieuse et le cardinal Barbarin parle de la question centrale de la grâce. Qu'est-ce qui fait la différence ? Y a-t-il une réconciliation possible entre l'approche philosophique et l'approche christocentrique ?

La conclusion de notre débat pourrait porter sur l'espérance. Vous l'avez déjà évoquée l'un et l'autre. Mais puisque nous sommes réunis pour réfléchir sur la question de l'avenir, nous avons envie de connaître quelque chose de votre espérance.

Alors, première question, quel air du temps respirons-nous, Luc Ferry ?

Luc Ferry

Je ne suis sans doute pas le mieux placé pour vous répondre. Tout à l'heure, j'ai essayé de réfléchir à ce qui pouvait expliquer, au moins en termes quantitatifs, ce que les sociologues appellent la déchristianisation. Je n'ai jamais éprouvé un grand intérêt pour la sociologie, mais il y a quand même quelques faits sociaux à relever. On peut compenser les données quantitatives en se disant, et je crois que c'est vrai, qu'au temps de mon enfance, la pratique religieuse était plus importante mais qualitativement moindre, parce que c'était, pour l'essentiel une pratique religieuse d'habitude, une pratique traditionnelle. Aujourd'hui, pour être chrétien, il faut le vouloir. On pourrait fonder une argumentation optimiste sur l'immense progrès qualitatif que cela peut représenter à bien des égards. Ce ne serait sûrement pas faux. Il n'empêche : le mouvement de déconstruction des valeurs traditionnelles est incroyablement puissant, et – j'en demande pardon au cardinal – je pense qu'il ne faut pas le sous-estimer. Je me souviens de quelques amis, sénateurs communistes, qui expliquaient que tout allait bien dans le meilleur des mondes… jusqu'à ce que le PCF se retrouve à 2 %. Il faut faire attention à la réelle érosion des principes traditionnels qui pose d'immenses interrogations à tous les éducateurs, pas seulement aux croyants. Pourquoi les principes que nous voulons transmettre à nos enfants, comme parents ou comme professeurs, ne sont-ils plus très vaillants aujourd'hui ? Ce n'est nul hasard si les deux points sur lesquels l'école est en immense difficulté aujourd'hui sont la maîtrise de la langue et la maîtrise de la civilité. Pourquoi ? Parce que ce sont des héritages traditionnels C'est directement lié à ce que j'ai décrit tout à l'heure. Quand vous terminez une lettre à quelqu'un en écrivant « Madame, Monsieur, je vous prie d'agréer l'expression de mes sentiments les meilleurs », c'est de la tradition pure, ce n'est pas de l'innovation, ce n'est pas de la spontanéité, ce n'est pas de la créativité. Dans un monde qui ne valorise que la spontanéité, la créativité, l'imagination des enfants, etc., tout ce qui relève de la tradition en prend un vieux coup, pour parler comme tout le monde. De la même manière, je vous dirais que l'innovation en matière de grammaire et de langue, cela s'appelle la plupart du temps, en bon français, les fautes d'orthographe. Il faut être attentif à cette érosion des traditions et ne pas dire que « tout baigne » ! Car ce n'est pas vrai.

Jean-Marie Guénois

Constatez-vous l'étonnant renouveau dont parlait le cardinal ? Si oui, comment l'exprime-riez-vous ?

Luc Ferry

Oui, je le constate, mais, comme je l'ai dit, sur un plan plus qualitatif que quantitatif. Mais je l'explique moins par un renouveau propre-ment religieux que par l'immense courant, tout à fait laïc par ailleurs, de sacralisation de l'humain et, si j'ose dire, « d'amour de l'amour » que j'évoquais tout à l'heure à travers l'histoire de la famille moderne. Avec ce temps fort qu'est l'invention du mariage d'amour et, avec lui, de ce qu'on a appelé « l'amour passion », ce courant nous conduit à considérer que toutes les valeurs sacrificielles traditionnelles ne valent pas la peine d'être vécues. Aucun des jeunes que je connais ne serait prêt à mourir, ni pour la patrie ni pour la révolution ni pour Dieu. En revanche, ils accepteraient peut-être de donner leur vie ou à

tout le moins de prendre quelques risques pour
d'autres êtres, dans une logique humanitaire.
C'est cela, me semble-t-il, qui est nouveau et qui
forme peut-être bien, comme vous disiez, l'air
que nous respirons...

Jean-Marie Guénois

Monseigneur, parlons-nous du même sacré ?

Luc Ferry

Voilà la grande question qui, à la fois, nous
réunit et, peut-être, nous oppose...

Philippe Barbarin

Monsieur Ferry, je suis très sensible à ce que
vous dites sur la structuration profonde des personnes. Pour ma part, je ne m'occupe pas tellement de remplir les églises dans le diocèse de
Lyon parce que cela ne sert à rien : la première
chose qu'il faut faire, c'est de remplir les cœurs
d'amour, et la source de cet amour est en Dieu.

Quand je rencontre, au cours d'une visite pas-
torale, des groupes d'enfants, je leur dis, devant
leurs parents et leurs catéchistes : « Le matin,
quand tu te réveilles, commence par faire le signe
de la croix. Avant de prendre ta douche ou ton

petit déjeuner, donne à Dieu la première place. Tu peux demander à ta maman qu'elle te le rappelle. » Du coup, il y a une conversation entre l'enfant et sa maman, à propos de Dieu. Pourquoi faut-il qu'il ait la première place ? On voit bien que ce n'est pas une question de temps. Tant qu'on n'aura pas donné à Dieu sa place à l'intérieur de nos maisons, dans le rythme de vie personnel ou familial, par des gestes simples qui resteront gravés dans les mémoires, rien ne progressera. De ce point de vue, j'admire les Juifs, parce qu'ils ont gardé une « liturgie domestique » que, par certains aspects, je leur envie. Quand on entre dans une famille juive un vendredi soir, on sait qu'on entre dans le jour du Seigneur, alors que, quand on pénètre dans une famille chrétienne le samedi soir, il n'est pas sûr qu'on voie grand-chose. Pour moi, la présence de ces marques concrètes de la présence de Dieu, jusque dans la chambre, avec le fameux « coin prière » a plus d'importance que l'élaboration d'un plan stratégique pour essayer de renouveler l'Église. Les questions que je viens d'aborder touchent au fond, à la structuration fondamentale des personnes. Sur ce point-là, vous le voyez, je suis tout à fait d'accord avec Luc Ferry.

Après avoir entendu la question de Jean-Marie Guénois sur l'air du temps, j'aimerais emprunter à l'un de vos écrits, Luc Ferry, une notion qui me réjouit. C'est ce que vous appelez « la pensée élargie », cette nouvelle voie que vous aimeriez ouvrir, en renvoyant dos à dos à la fois le subjectivisme et le dogmatisme. J'aime bien cette idée, et je la crois féconde. Elle m'a immédiatement fait penser à un passage de la Bible, dont je ne sais pas s'il vous inspirait, et qui se trouve dans le livre d'Isaïe : « Crie de joie, femme stérile, toi qui n'as pas eu d'enfants [...]. Élargis l'espace de ta tente, déploie sans hésiter la toile de ta demeure, allonge tes cordages » (Is 54, 1-2). Magnifique !

À l'occasion de mes rencontres pastorales, je m'aperçois que beaucoup de gens, aujourd'hui, ont l'esprit ouvert. Toutes les questions étant venues au jour, il y a effectivement beaucoup de déconstruction, et souvent le souci de cohérence fait défaut. Mais, quand je discute avec des jeunes, je constate, premièrement, que face à tant d'agressions de la société, ils portent en eux le sens de la dignité de la personne humaine et celui de Dieu. Je suis étonné de leurs réactions, et je vois qu'ils ont, si je puis dire, produit des

« anticorps » à toutes les agressions dont ils sont l'objet. Cela me remplit d'espérance et de bonheur. Deuxièmement, le nouveau style de contact que l'on a avec eux, celui d'une discussion ouverte et spontanée, permet de parler directement du Christ, de l'Eucharistie, de la résurrection.

J'ai beaucoup aimé votre approche de la résurrection. Dommage que vous vous soyez arrêté à celle de Lazare, parce que la vraie résurrection, c'est celle de Jésus. Comme le disait un jour un enfant devant ses copains, pour leur expliquer la différence, Lazare, lui, il est « remort » ! À propos de la résurrection, vous avez approché la question qui, me semble-t-il, est la seule qui demeure dans le cœur et l'esprit de l'homme, celle du deuil de l'être aimé et de notre propre mort. Personne ne lui a donné de réponse. On peut dire à quelqu'un : tu m'as sauvé la vie quand tu m'as tiré d'une impasse ou de tel danger, quand tu m'as trouvé un emploi… À ce titre, les pédagogues, les politiques, les philosophes peuvent dire quelque chose du salut. Mais la réponse ultime à la question majeure de la mort et du salut, l'unique question de l'humanité depuis l'origine, aucun homme ne peut nous la donner. C'est la raison pour laquelle Dieu est venu jusqu'à nous. Il a suivi le cours d'une vie humaine et sociale ; il a rencontré la joie et les souffrances, la vie du peuple juif et l'occupation romaine. Par amour, il a guéri, enseigné et servi, mais quand tous se sont ligués contre lui pour le perdre, il a continué d'aimer, jusqu'au bout, jusqu'à l'extrême. Et même quand tous l'ont trahi et abandonné au moment de sa mort, il est demeuré « entre les mains » de son Père. La réponse de Dieu à la grande question des hommes, c'est donc l'événement de la Résurrection, au matin de Pâques. Oui, l'œuvre de Dieu triomphera, oui, la vie l'emportera sur toutes les forces de mort. Voilà donc la question posée à chacun, et c'est le cœur de la foi chrétienne : est-ce que, oui ou non, au matin de Pâques, Jésus est ressuscité ?

Jean-Marie Guénois

C'est la question qui effectivement pourrait vous opposer, celle du choix entre cette spiritualité philosophique et la spiritualité christocentrique, celle de la grâce, que Luc Ferry a posée à partir de la résurrection de Lazare. Luc Ferry, que répondez-vous ?

Luc Ferry

Je réponds que si c'était vrai, ce serait épatant, mais que j'ai quelques motifs d'en douter et que, du coup, je préfère m'intéresser aux grandes spiritualités laïques, c'est-à-dire à la philosophie. En effet, je pense que le salut n'est pas simplement lié à une promesse de survie éternelle, d'immortalité, mais qu'il existe une sagesse de mortel infiniment plus convaincante, à mes yeux, qu'une sagesse d'immortel. J'ai été chrétien. Je suis très sensible à l'argumentation du cardinal Barbarin. Je connais mes évangiles, moins bien que lui, bien sûr, mais je les connais tout de même. Et ils m'ont passionné plus que nul autre texte philosophique au monde. Je dis toujours que sur l'île déserte, j'emporterais l'évangile de Jean, plutôt que l'*Éthique* de Spinoza ou la *Critique de la raison pure*. Mais encore faut-il croire à son message pour qu'il « marche », si je puis dire, du moins sur le plan du salut. Si on n'y croit pas, cela ne marche pas. Je vais recourir à une métaphore, pour éviter un long discours, en vous invitant à relire tout simplement, de ce point de vue, l'*Odyssée*. Je voudrais évoquer ici en quelques mots le fameux séjour d'Ulysse chez Calypso qui constitue, avec la victoire de Zeus sur les Titans, l'un des épisodes cruciaux dans la mythologie grecque. Je vais vous en parler très brièvement, simplement pour savoir ce que des chrétiens pensent de cette première spiritualité laïque, spiritualité de mortel et non d'immortel. Souvenez-vous que la guerre de Troie commence, comme le monde, par le chaos, par la discorde, Éris. On a oublié d'inviter la déesse Éris au mariage de Thétis et de Pélée, et Éris, pour se venger, jette sur la table une très jolie pomme en or, la fameuse pomme de discorde, sur laquelle figure, bien lisible, une inscription : « À la plus belle ! » Évidemment, chacune des femmes qui sont autour de la table prétend que la pomme est pour elle, et elles essaient toutes de s'en emparer. Pâris, le jeune fils de Priam, le roi de Troie, est invité par Zeus à trancher le débat entre les trois déesses, Athéna, Héra et Aphrodite. Chacune, pour obtenir le présent, lui promet ce qu'elle a, si j'ose dire, en magasin : Héra promet à Pâris un empire, Athéna la victoire dans toutes les batailles, Aphrodite l'assure qu'il pourra, s'il la choisit, séduire la femme la plus belle du monde. Or cette femme est Hélène, l'épouse de Ménélas, un Grec, le roi de Sparte. C'est comme cela que la guerre commence, parce qu'un prince troyen, Pâris, a volé sa femme à un roi grec. Comme l'univers, toute l'histoire commence donc par le chaos, par la discorde. Après avoir gagné la guerre de Troie avec son fameux cheval, Ulysse s'arrête chez Calypso. Calypso est sublime, c'est une déesse, elle est beaucoup plus belle que Pénélope, la femme d'Ulysse. C'est une divinité secondaire, certes, mais c'est quand même une divinité. Elle est absolument ravissante. Elle est folle amoureuse d'Ulysse. Son île est une merveille absolue, riante, verte, avec des rivières d'eau fraîche… Des troupes de nymphes s'occupent d'Ulysse et de ses compagnons, on leur sert des moutons gras, des langoustes. Enfin, c'est le paradis sur terre. Calypso passe son temps à faire l'amour avec Ulysse, qui, apparemment, ne trouve pas cela désagréable. Pourtant, Ulysse veut rentrer chez lui. Il veut retrouver Pénélope, Télémaque, Ithaque, son île.

J'en viens à l'essentiel : qu'invente Calypso pour le garder ? Elle lui dit : « Si tu restes avec moi, je te donnerai l'immortalité. » Elle ajoute « la jeunesse éternelle » parce qu'elle se souvient d'Aurore, fille de Titans, une autre déesse, qui était tombée amoureuse d'un mortel. Aurore avait demandé à Zeus l'immortalité pour ce mortel qu'elle voulait garder, mais elle avait oublié de demander pour lui la jeunesse. L'amant s'était ratatiné comme un vieux croûton dans le fond du palais. Aurore fut obligée de s'en débarrasser, en le transformant en cigale. Calypso demande donc pour Ulysse l'immortalité et la jeunesse. Vous, Messieurs, qui êtes ici, vous hésiteriez bien quand même trois secondes avant de répondre, non ? Eh bien, Ulysse, lui, n'hésite pas, il dit non ; il veut rentrer chez lui. Car, dans la spiritualité laïque des Grecs, et c'est là où je voulais en venir, une vie de mortel réussie est préférable à une vie d'immortel ratée. Une vie de mortel réussie, c'est une vie en harmonie avec l'ordre cosmique, une vie dans laquelle l'homme trouve, comme dit Aristote, son lieu naturel, sa place dans l'ordre du monde. Et c'est cela tout le sens du fameux voyage de notre héros.

Le message ainsi délivré est, à mes yeux, lucide quant à la mort. Bien sûr que je préfère le message du Christ ! S'il était vrai, ce serait, en effet, la meilleure nouvelle de l'année, que dis-je, des siècles et des siècles ! Et si j'ai évoqué la résurrection de Lazare et pas celle du Christ, cher cardinal, c'est parce qu'elle m'intéresse un peu plus. Lazare est mortel, comme moi, et je suis mortel comme lui. Le Christ c'est « facile », si je puis dire ! Mais comme vous voyez, dans le message d'Homère, on a bien là affaire à une authentique spiritualité, et pas seulement à une morale. Il est question ici, non du respect de l'autre ou de la bienfaisance, mais du sens de la vie et de ce qui définit une vie bonne. Mais cette spiritualité n'en est pas moins « laïque », en ce sens qu'elle reste à échelle humaine et ne vise pas l'immortalité. Elle ne passe ni par la foi ni par les dieux.

Philippe Barbarin

Vous mourrez, comme Jésus, et vous ressusciterez aussi, au jour de Dieu, comme lui.

Les Grecs nous touchent par ces cycles des *nostoï*, les éternels retours que l'on voit, par exemple, dans l'*Odyssée*. Certes, le christianisme est résolument tendu vers l'avant, vers le « jour de Dieu », le seul retour dont il nous parle est celui du Messie, Jésus, qui « reviendra dans la gloire pour juger les vivants et les morts ». Mais ma mère, ici présente, qui aimait aussi beaucoup les Grecs, me disait quand je découvrais Platon et Homère, grâce à de bons maîtres, qu'il faudrait montrer comment, dans toute la littérature grecque, il y a comme un appel à l'Évangile, une préparation, des pierres d'attente. Savez-vous que dans Isaïe 38, il y a un chant différent certes, mais qu'on peut écouter en écho à la réponse d'Ulysse que vous évoquiez à l'instant ? C'est le cantique du roi Ézéchias, qui clame son refus de la mort, en affirmant qu'il vaut mieux être un mortel en piètre condition physique ou sociale qu'un roi dans le « séjour des morts » : « Je disais : Au milieu de mes jours, je m'en vais ; j'ai ma place entre les morts pour la fin de mes années... » On trouve des traces de l'annonce de la résurrection chez Homère. Y a-t-il comme une montée de l'ensemble de l'humanité, comme une attente universelle de cette réponse de Dieu ?

Je suis touché par votre sincérité, quand vous dites : « C'est magnifique, mais je ne peux pas y croire. » Un de mes meilleurs amis, musulman, me dit aussi : « Je comprends que la clé du christianisme, c'est la résurrection du Christ, mais il est impossible d'y croire. » Je réponds : « Non seulement il est possible d'y croire, mais, en plus, c'est vrai. »

Tel est l'événement central du matin de Pâques, et le Christ a pris le temps de l'attester en disant à ses disciples : Voyez, c'est bien moi... Vous pouvez me toucher, me donner à manger, vous verrez, je ne suis pas un fantôme. Le plus frappant, bien sûr, c'est que les apôtres qui s'étaient comportés de façon médiocre, et avec lâcheté, au moment de la Passion, ont été jusqu'à leur mort des témoins sans faille de cet événement inouï. Ils ont accepté d'être pris pour des fous, pour des illuminés. Dès qu'ils ont commencé à parler, bien qu'on les ait accusés d'être « remplis de vin doux », dès neuf heures du matin, ils n'en ont pas démordu. Et ils ont franchi tous les sanhédrins, toutes les prisons, jusqu'à se trouver devant leur propre martyre. Ils ont dit que rien ne pourrait les faire taire, parce qu'ils devaient annoncer au monde cette immense espérance.

Le moteur de la charité, c'est l'espérance. Dans un de vos livres, vous citez ce mot d'André Comte-Sponville : « Messieurs les chrétiens, un peu moins d'espérance et un peu plus d'amour. » Cette expression m'a fait sourire.

Pour ma part, je dirais : « Beaucoup plus d'espérance, pour avoir enfin un peu d'amour. » C'est cela que je demande à Dieu, dans ma prière.

Luc Ferry

Mais, Monsieur le Cardinal, prenons vos trois vertus théologales : la Foi, l'Espérance et la Charité. On dit souvent qu'une fois qu'on est dans le Royaume, la foi disparaît – on n'a pas besoin de foi puisqu'on y est. L'espérance disparaît aussi – on n'a pas besoin d'espérance puisqu'on y est aussi. Seul reste donc l'amour, c'est-à-dire la charité, *agapè*. L'argumentation me semble assez convaincante. Si l'on admettait qu'il puisse exister une version sécularisée du message chrétien, c'est ce que je dirais. Si je souhaite emporter l'Évangile sur l'île déserte, c'est parce que son message, indépendamment de la croyance, me plaît et me passionne. Ce qui me passionne dans ce message, ce n'est pas l'espérance – surtout pas ! – ou la foi, que je n'ai pas : c'est évidemment *agapè*, dont le mot « charité » est une mauvaise traduction, parce qu'elle introduit le sentiment de pitié, alors qu'il s'agit de l'amour en tant qu'il n'est ni *éros* ni *philia*. *Éros*, c'est l'amour qui possède. *Philia*, c'est très beau, c'est la joie prise à l'existence de l'autre, c'est le sentiment que nous avons lorsque, dans la rue, survient par hasard un ami que nous n'avons pas vu depuis un moment et que le sourire nous vient aux lèvres avant de calculer, avant de savoir si on va prendre un café avec lui ou autre… Cette joie se traduit par une formule que mon ami André Comte-Sponville a bien trouvée : « Merci d'exister ! » *Agapè*, c'est autre chose, c'est l'amour qui va jusqu'à l'amour de l'ennemi. Quand on parle foi, espérance, charité – c'est-à-dire *agapè*, amour –, oui, moi ce qui m'intéresse, c'est *agapè*. Simone Weil dit, dans *La Pesanteur et la Grâce*, que cet amour évoque la théorie juive de la création : Dieu aurait créé le monde, non par une sorte d'excroissance ou d'hyperpuissance, en produisant quelque chose de nouveau, mais au contraire en se retirant, en faisant place à l'autre, en se faisant « manque d'être pour qu'il y ait de l'être ». C'est cela, *agapè*, l'amour gratuit : savoir se diminuer un peu, ne pas être toujours en expansion, pour laisser être les autres…

Philippe Barbarin

Vous citez saint Paul : « La plus grande des trois, c'est la charité » (1 Co 13, 13). Vous avez raison, mais soyez logique avec vous-même. Vous dites : quand on sera dans le Royaume, il n'y aura plus d'espérance. Mais voilà, pour l'instant, nous ne sommes pas dans le Royaume, mon cher ami ! Aujourd'hui, face à toutes les difficultés que nous avons à affronter pour arriver à aimer, pour croire à la victoire de l'amour, il nous faut beaucoup d'espérance, à vous comme à moi.

Luc Ferry

Mais non ! Il me semble que pour un vrai chrétien, le Royaume, c'est ici et maintenant...

Philippe Barbarin

Certes, il est déjà commencé, mais pas encore accompli. Et, pour l'instant, l'espérance n'a pas disparu, ni la foi, ni même les ténèbres qui nous les rendent l'une et l'autre difficiles. Prenons l'exemple de Mère Teresa, qui a été une merveille de la charité, incontestée. Quand, lisant ses carnets dix ans après sa mort, on voit les ténèbres dans lesquelles elle est demeurée si longtemps, on se demande comment elle a pu vivre et offrir tant d'amour. Moi, je bénis le Seigneur qui m'a donné la grâce de la foi, parce que jamais de ma vie, je n'ai douté. Je me dis que c'est déjà une grande force. En revanche, pour l'amour, vous avez raison, je suis chaque jour aussi décevant, et toujours au-dessous du « niveau de flottaison », si l'on peut dire.

Luc Ferry

On va se compléter, cher ami !

Jean-Marie Guénois

Merci pour la sincérité de ces propos.

Pour revenir à notre France, pensez-vous, Luc Ferry, qu'une spiritualité, une morale ou une culture à fondement chrétien, mais sans la foi, puisse apporter quelque chose à notre pays ? Pensez-vous, Monseigneur, qu'une culture chrétienne sans la radicalité des racines de la vie, de la sève dont vous parlez, ait un avenir ?

Luc Ferry

Le christianisme a apporté déjà plus que toutes les autres visions du monde. Mais ce qu'il a apporté est aussi pour demain. Je pense, par exemple, à la parabole des talents : ce moment d'invention de la morale moderne, dans ce qu'elle a de plus beau, nous le devons au christianisme. C'est avec elle qu'on passe de l'idée, aristocratique, celle selon laquelle la dignité d'un être dépend de ce qu'il a reçu en partage à sa naissance, à l'idée « démocratique » qui tient que la dignité ne dépend pas des talents naturels hérités, du fait d'être bien né ou pas, mais de ce qu'on fait à partir de ce qu'on a reçu. Ainsi, ce qui compte, ce n'est pas la nature mais la liberté et, de ce point de vue, nous sommes tous égaux : un petit trisomique a la même valeur qu'un Newton ou un Kant. Cette idée chrétienne continue à nous animer de façon formidable. Mais pas en termes d'espérance, ou en tout cas, pas seulement !

Jean-Marie Guénois

Cette idée est-elle moderne ? A-t-elle quelque chose à apporter aujourd'hui à la société ?

Luc Ferry

C'est l'idée d'amour, au sens où elle est pré-formée par l'histoire de la famille que j'ai évo-quée, qui me semble moderne, ce n'est pas l'idée de foi ou d'espérance. Mais écartons un faux débat : le fait qu'une idée soit moderne ou pas n'est pas forcément à mes yeux un critère. Je pense que ce qui reste vraiment, pour les non-croyants, du message chrétien, c'est à la fois le message moral, celui de la parabole des talents, et plus encore sans doute le message d'amour. Il faudrait revenir aussi sur le deuil de l'être aimé, et sur la signification que peut avoir la manière chrétienne de le concevoir, y compris pour des non-croyants, mais il faudrait du temps pour l'expliquer. En tout cas, des trois vertus théologales, c'est la dernière qui parle à tout le monde, et pas les deux premières.

Philippe Barbarin

Ce que Luc Ferry vient de dire est très profond. Comme vous le savez, saint Paul parle longuement de la foi et de l'espérance, mais la plus grande des trois vertus théologales, incontestablement, c'est la charité ; elle est la dimension souveraine de la vie chrétienne. Quand saint Jean de la Croix écrit : « Au soir de notre vie, nous serons jugés sur l'amour » (ce qui peut aussi se traduire : « Le soir, tu t'examineras sur l'amour »), on sait qu'il résume tout le message biblique.

Dans mes conversations avec les juifs et les musulmans, la réflexion par laquelle je termine est la suivante. Aujourd'hui il y a beaucoup d'agnostiques et d'athées dans le monde. Nous ne témoignerons en vérité de la vérité et de l'amour du Dieu vivant, de notre conviction que nos vies sont entre ses mains, et que notre avenir lui appartient, que lorsque nous aurons réalisé ensemble quelque chose de l'ordre de l'amour, du service et de la charité.

Je rêve personnellement de partir avec des juifs et avec des musulmans en un pays d'Afrique, pour ouvrir un centre de soins du sida, de la lèpre ou de toute autre maladie qui fait des ravages. Ce jour-là, on verra que pour tous ceux qui ont donné leur vie à Dieu, l'unique but est que son amour de Père atteigne le cœur de ses enfants. Assurément, les hommes méritent plus d'amour que le monde ne leur en donne, et Dieu aussi, d'ailleurs ! Le but des croyants est de recevoir cet amour et de le transmettre. Je suis d'accord, c'est le témoignage suprême, et unique, peut-on dire ; par là, tout devient soudain lumineux.

Pourquoi une petite femme toute cassée qui s'est penchée sur les gens qui mouraient comme des chiens sur les trottoirs de Calcutta a-t-elle illuminé le monde ? Tout simplement parce que Mère Teresa les a *vus*, dans son regard de miséricorde. Elle n'a pas pu les empêcher de mourir, certes, mais elle a permis qu'ils meurent dans leur dignité humaine. Elle les a recueillis, elle les a aimés, soignés, habillés, nourris, et accompagnés jusqu'au terme de leur route terrestre. Personne d'entre nous n'est capable de savoir si, grâce à elle, dix, mille, ou aucune de ces personnes recueillies ont été baptisées. Je n'ai d'ailleurs jamais entendu personne poser cette question. Mais ce que tout le monde sait, c'est que Mère Teresa agissait au nom du Christ et que son témoignage parle au monde entier, car la charité est suprême. Quel feu il lui fallait avoir en elle pour mener à bien une telle entreprise… surtout si elle était dans l'épreuve et l'obscurité de la foi, comme nous l'avons appris plus tard !

Jean-Marie Guénois

Vous avez évoqué la question de la transmission. C'est une des immenses questions pour l'avenir du christianisme en France, notamment en direction des jeunes. J'aimerais, en commençant par le Cardinal, vous entendre sur ce qu'il faudrait aujourd'hui ne pas rater pour entrer dans le XXIᵉ siècle et le vivre le mieux possible dans notre pays.

Philippe Barbarin

Au début de l'échange, dans un très beau développement, M. Ferry a évoqué ses travaux sur l'éducation, soulignant qu'il y avait encore, en ce domaine, de grandes attentes et énormément à faire.

Sur un point, je donne *quitus* à la spiritualité laïque, car ce n'est pas quelque chose qui nous oppose. Quand un incroyant affirme qu'il n'est pas possible que Jésus soit ressuscité, je le respecte. S'il ajoute que, pour lui, la spiritualité est vitale et essentielle, je l'encourage à la vivre, et même à le dire autour de lui. Car il est bon que l'on entende, dans notre société, ce témoignage, clair et fort : la qualité de notre vie humaine ne tient pas seulement à la santé de notre corps et au succès de notre vie professionnelle. L'homme est aussi – et d'abord – un mystère d'amour, d'accueil et de don. Les « fruits de l'Esprit » que nous énumère saint Paul, sont la charité, la joie, la paix… la confiance dans les autres, la douceur et la maîtrise de soi, toutes sortes de qualités qui nous servent d'indice pour savoir si le travail de l'Esprit Saint se fait en nous, « dans le secret ». Il est essentiel de connaître et transmettre ces critères de la vie spirituelle, pour ne pas rester dans le flou des principes ou des vœux pieux.

Pour moi, une vision anthropologique complète – je n'ai pas besoin de la qualifier de chrétienne – développe conjointement ces trois éléments. Il est clair pour tous que veiller à la santé est capital ; les parents suivent attentivement celle de leurs enfants, tout au long de leur croissance. Il est important de s'occuper aussi de leurs études pour qu'ils puissent prendre librement leur place d'adultes dans la société. Mais la dimension spirituelle ? On constate là un grand silence et, selon moi, cet oubli est une grave mutilation de notre humanité. Certes, il n'y a pas de « ministère de la Spiritualité nationale » comme il y a un « ministère de l'Éducation nationale », mais ce n'est pas une raison pour taire cette dimension essentielle de la personne humaine. Notre capacité d'aimer et, plus encore, de nous laisser aimer pour être ensuite capables de servir les autres, tout au long d'une vie, est essentielle. Qui va parler de ce vaste domaine qui donne à l'être humain son équilibre et sa beauté intérieure, qui est la source principale de sa joie ?

Quand des juifs et des musulmans transmettent cet enseignement à leurs enfants, à l'intérieur du témoignage de leur foi, quand un tenant d'une spiritualité laïque déclare que ce point est essentiel dans son projet pédagogique parce que, sinon, tout ira de guingois dans une société fascinée par l'argent ou la performance, je suis très heureux. Comme chrétien, j'essaie vraiment de promouvoir et de servir l'homme tout entier, sans qu'aucun de ces trois aspects essentiels ne soit oublié.

Luc Ferry

Sur la transmission, je partage tout à fait les idées que le cardinal vient d'évoquer. J'ajouterais simplement ceci : après réflexion, je finis par penser qu'une éducation réussie est fondamentalement, pour nous Européens, chrétienne, juive et grecque. Si j'étais musulman, j'ajouterais l'islam et je n'aurais sans doute pas de mal à le faire ; si je ne le fais pas, ce n'est pas par manque de respect pour l'islam, mais c'est parce que je me réfère à la tradition dans laquelle nous baignons. Dimension chrétienne, parce que sans l'amour, il n'y a pas d'éducation solide, il n'y a pas ce que Boris Cyrulnik appelle la « résilience », il n'y a pas de capacité de rebond. La première chose qu'il faut donner à un enfant, c'est bien sûr l'amour. Dimension juive, avec la loi : sans la loi, l'enfant n'entre pas dans la dimension de la culture, dans la dimension de l'humanité comme collectivité, dans la civilité. Dimension grecque, enfin, la dimension des œuvres, sans laquelle l'enfant est perdu, singulièrement aujourd'hui. On ne peut pas déconnecter le problème actuel de la transmission de la difficulté principale inhérente à la société de consommation dans laquelle nous vivons. En effet, à l'état chimiquement pur, la consommation possède exactement la même structure que l'addiction. Les grandes campagnes de publicité qui vont caractériser l'émergence du capitalisme moderne consistent à faire en sorte que nos enfants soient en manque par rapport aux objets qu'on souhaiterait qu'ils achètent. On ne peut pas reprocher à un chef d'entreprise qui vend des téléphones portables de vouloir qu'on les achète. Il fait donc des grandes campagnes de publicité pour que nos enfants soient en manque de portables. Or, si nous observions de près, comme au microscope, les mécanismes de la consommation, nous verrions, comme je l'ai suggéré en commençant à propos des bohèmes, qu'il faut que les valeurs traditionnelles, culturelles, spirituelles et morales soient déconstruites pour que nous entrions dans l'ère de la consommation. Car ce sont ces valeurs-là qui freinent la consommation. Le postulat est assez simple : plus nous avons de valeurs spirituelles, morales et culturelles dans la tête, moins nous avons besoin, le samedi après-midi, de mettre les enfants à l'arrière de la voiture pour acheter des gadgets idiots au supermarché du coin. Voilà la vérité. Par conséquent, il faut, pour vendre, casser dans nos têtes, et surtout dans celles de nos enfants, tout ce qui freine cette consommation. On est dans une logique de liquidation. Il faut que tout devienne fluide, que rien ne résiste à la logique du désir. C'est cela qui rend la transmission incroyablement difficile aujourd'hui. Les seuls antidotes véritables sont l'amour, la loi, les œuvres. Ce n'est pas l'esprit critique, dont dispose n'importe quel journaliste comme n'importe quel politique. Dieu sait que l'esprit critique ne manque pas aujourd'hui. Il est omniprésent. Le premier commentateur venu se croit profond et intelligent parce qu'il est ironique et méchant. C'est une erreur. Ce n'est pas ça qu'on a besoin de donner au premier chef à nos enfants. Non qu'il ne leur faille de la distance par rapport à la vie quotidienne, mais, justement, c'est d'une autre distance dont nous avons besoin. Pas celle de l'ironie critique qui déferle en permanence sur les ondes, mais une capacité de s'arracher à l'univers de la consommation pour entrer dans ces petits mondes à part que sont les grandes œuvres. La fonction des grandes œuvres est alors de former des microcosmes dans lesquels nous pouvons séjourner, et qui nous éloignent suffisamment de la logique du manque et de l'addiction, pour que nous puissions regarder cet univers à partir d'un autre ordre, pour reprendre des catégories pascaliennes. Élément chrétien – l'amour –, élément juif – la loi –, élément grec – les œuvres –, c'est là que se joue la grande question de la transmission, pas dans l'esprit critique.

Jean-Marie Guénois

Nous approchons de la fin de ce débat passionnant. Je vais poser à chacun de nos invités une question qui se cache derrière le mot espérance. C'est un mot facile. C'est aussi un mot du vocabulaire technique de la philosophie et de la théologie. Surtout, dans le cadre de ce débat, l'espérance est aussi une vision, avec, hélas, un sens politique. Vous avez relevé plusieurs points qui, dites-vous, ne vous opposent pas ; tout de même, un point fort semble vous opposer : le Christ ! À travers le débat sur la grâce et les spiritualités, la question de la transmission, de l'avenir et des jeunes, la question de l'Église bien sûr, peut-on dire qu'on est en train de vivre un tournant ? Existe-t-il pour vous, et pour nous aussi, des raisons d'espérer ? Merci de nous le dire.

Luc Ferry

La première source d'espérance, c'est que le cardinal ait raison. Ça, c'est le premier point. J'espère qu'il ne m'enverra pas trop longtemps au purgatoire ! S'il a raison, je ne lui en voudrai pas non plus. Deuxième terrain de réflexion, sinon d'espérance, la question du sens de la vie, c'est-à-dire l'élargissement de l'horizon. Élargir l'horizon, ce n'est pas simplement tenir un discours vague sur la tolérance ou sur la gentillesse politiquement correcte, comme aujourd'hui. C'est vivre cette expérience par laquelle on s'arrache à soi-même, à une particularité d'origine, comme lorsqu'on apprend une langue étrangère, on découvre une autre culture, on vit à l'étranger. C'est le sens même de la vie, parce que deux éléments cruciaux sont ainsi réunis : la connaissance et l'amour. Élargir l'horizon, c'est connaître plus d'humanité, mais c'est aussi aimer davantage l'humanité. Cet arrachement à soi, ce décentrement de soi, cette sortie de soi, voilà ce qui donne le lien entre connaissance et amour. Dans l'expression biblique « Il l'a connue », qui veut dire : « Il a couché avec elle, il l'a aimée », il y a quelque chose qu'on peut retrouver dans l'expérience de l'élargissement de l'horizon, de l'arrachement à soi, de l'arrachement à la particularité.

Victor Hugo exprime cette idée infiniment mieux que moi dans l'un de ses plus beaux poèmes. *Booz endormi*, que je cite de mémoire :

> *Booz était bon maître et fidèle parent ;*
> *Il était généreux, quoiqu'il fût économe*
> *Les femmes regardaient Booz plus qu'un jeune*
> *   homme,*
> *Car le jeune homme est beau, mais le vieillard*
> *   est grand.*
> *Le vieillard, qui revient vers la source première,*
> *Entre aux jours éternels et sort des jours*
> *   changeants ;*

Et l'on voit de la flamme aux yeux des jeunes gens,
Mais dans l'œil du vieillard on voit de la lumière.

Il y a dans l'œil du vieillard de la lumière et de la grandeur. Cette lumière et cette grandeur, ne sont pas la flamme et la beauté de la jeunesse, c'est l'effet de l'élargissement de l'horizon. C'est ça qui, à la fois, suscite l'amour et rend capable de le donner. Ce que vous disiez tout à l'heure, de manière très belle et très profonde, de Mère Teresa, tous les êtres humains, qu'ils soient croyants ou non, sont à la fois capables de l'éprouver et capables de le donner. Je le répète, si l'explication que vous donnez est la bonne, je ne vous en voudrai certainement pas.

Philippe Barbarin

D'abord, merci pour *Booz endormi*.

Pour répondre à la question de Jean-Marie Guénois, je vais revenir à l'avant-dernière intervention de M. Ferry, où il nous livrait son regard sur la consommation. Si elle est, comme il l'a décrite, une addiction, c'est un vrai fléau, puisqu'on met les gens en état de manque. Cela me fait penser à ce qui s'est passé ces jours-ci, près de Chartres, au Technival. La préfecture apprend, à peine quarante-huit heures à l'avance, qu'il va y avoir un rassemblement monstre, et elle donne l'autorisation. Vingt-cinq mille jeunes viennent pour « se défoncer » ; on mobilise mille policiers pour les surveiller. Ensuite, la presse fait état de la saisie de nombreuses armes blanches et de drogue, et la société française doit payer 500 000 euros pour réparer les dégâts.

Ma grande espérance, c'est qu'on travaille à construire ces jeunes, parce que, sinon, ils trouvent le moyen de se détruire. Ce ne sont pas de « mauvais bougres », et la génération actuelle n'est pas plus difficile que la précédente. Mais cette génération précédente – la mienne – a été contrée, éduquée, reprise, corrigée, aimée, et elle a à peu près avancé, cahin-caha. Bénis soient tous ceux qui se sont opposés à moi, tandis que je grandissais ! Ils m'ont aidé à me construire, ce qui fait que je n'ai pas jugé utile de « me défoncer ».

Je vais vous dire ma grande espérance ; c'est d'ailleurs l'une des prières que j'adresse le plus fréquemment au Seigneur : non pas que la France donne, comme par le passé, des missionnaires pour aller évangéliser aujourd'hui l'Inde, la Chine et toutes les contrées du monde qui s'ouvrent au message de l'Évangile, mais que naissent des congrégations religieuses d'éducateurs et d'éducatrices, qui se consacrent entièrement à Jésus, le Pédagogue, pour le service de la génération montante. Car il y a beaucoup à donner pour construire les jeunes : c'est une tâche fondamentale et exigeante.

Dans mon diocèse, je ne rate jamais une occasion de rencontrer des enfants, des jeunes, des étudiants dans le cadre d'une paroisse, d'une aumônerie ou d'une université. Je peux aborder des points de la foi chrétienne, commenter un passage d'Évangile (et Dieu sait que j'aime bien la résurrection de Lazare), ou aborder des thèmes d'anthropologie fondamentale… les publics sont extrêmement variés. Mais, je considère toujours comme une mission primordiale de parler aux jeunes, pour les aider à recevoir cet héritage qui doit leur être transmis. Aujourd'hui, il y a une espèce de dictature du « tu fais comme tu le sens », du « c'est à toi de voir », et parfois même d'un « c'est ton problème » qui n'est pas loin de la réponse de Caïn quand Dieu l'interroge à propos d'Abel. Tout cela vient d'une projection

bien rapide de la liberté adulte dans une humanité en construction, et ne rend guère service
aux jeunes. Ensuite, ils subissent des troubles
intérieurs, des dépressions, des anorexies. Et nous,
de la génération d'au-dessus, nous sommes un
peu désemparés, parce que nous ne savons plus
trop comment les aider. Leur apporter cette aide
est, selon moi, un travail fondamental qui nous
incombe. C'est pourquoi je suis heureux que la
question de la transmission ait été posée.

Il faut travailler, et la seule façon de travailler,
c'est d'aimer, c'est-à-dire de nous donner complètement. Dans la vie de celui qui est célébré
sur l'autel de cette église, la phrase essentielle est
celle qui est au cœur de l'Eucharistie : « Voici
mon corps livré pour vous. » À mon avis, il n'y
a qu'une seule vocation humaine. Si je m'étais
marié, j'aurais dit cette même parole à ma
femme et à mes enfants ; prêtre, je la dis devant,
mais surtout *à* mes paroissiens, et évêque, aux
fidèles de mon diocèse : « Ceci est mon corps
livré pour vous. » Ma vie a été appelée et saisie
par le Christ, pour vous être donnée.

Cela dit, je suis un peu perdu, car la tâche est
immense, et je suis un trop petit bonhomme
pour réussir à faire tout ce qui m'est demandé.

« Je suis trop petit pour ta grâce », dit Jacob à Dieu. Dès lors, il faut à la fois se donner complètement et, comme le disait le texte de Paul que je citais tout à l'heure, « n'être inquiet de rien ». Quand Jésus prend Pierre, il lui dit : « Tu es Pierre et sur cette pierre, je bâtirai mon Église » (Mt 16, 18), ce changement de nom a beaucoup touché Pierre. C'est un cadeau qu'il ne va pas garder pour lui-même, et dans l'une de ses épîtres, il dit aux chrétiens : Vous êtes tous des pierres vivantes. C'est à vous de construire cet édifice. Mais ne vous prenez pas pour l'architecte, s'il vous plaît ! Autrement dit, ce n'est pas nous qui allons restaurer le monde, et l'Église n'est pas une entreprise à organiser ou dont il suffirait de bien planifier le travail, pour qu'elle prospère. Nous sommes, vous êtes, des pierres entre les mains du Christ, et lui est l'architecte. « Je bâtirai mon Église. » C'est la raison pour laquelle je ne suis inquiet de rien.

Permettez-moi de reprendre le texte de la lettre aux Philippiens, par lequel j'ai commencé : « Soyez toujours dans la joie du Seigneur ; laissez-moi vous le redire : soyez dans la joie. Que votre sérénité soit connue de tous les hommes. Le Seigneur est proche. Ne soyez inquiets de rien, mais, en toute circonstance, dans l'action de grâce priez et suppliez pour faire connaître à Dieu vos demandes. Et la paix de Dieu, qui dépasse tout ce qu'on peut imaginer, gardera votre cœur et votre intelligence dans le Christ Jésus. »

Table

Avant-propos de Matthieu Rougé 7

Introduction 11
    Matthieu Rougé 13
    Jean-Marie Guénois............................ 15

Intervention de Luc Ferry 19

Intervention de Philippe Barbarin 53

Débat, animé par Jean-Marie Guénois 73

PHILIPPE BARBARIN

L'Homme et la Nature
François-Xavier de Guibert, 2009

Épîtres de saint Paul :
traduction officielle de la liturgie
Lethielleux, 2008

Jardins intérieurs : regards croisés
sur l'art et la foi
Parole et Silence, 2007

Le Notre-Père : conférences de Carême
à Fourvière
Parole et Silence, 2007

Suivre Jésus de près
Desclée de Brouwer, 2006

LUC FERRY

La Tentation du christianisme
Grasset, 2008 ; Le Livre de poche, 2010

Philosophie du temps présent
Frémeaux & Associés, 2009

*Le Christianisme,
la pensée philosophique expliquée*
Frémeaux & Associés, 2009

Le Religieux après la religion
Grasset, 2005 ; Le Livre de poche, 2007

L'Homme-Dieu ou le sens de la vie
Grasset, 1996

« Espaces libres »
au format de poche

DERNIERS TITRES PARUS

180. *Le Visage du vent d'est*, de K. WHITE.
181. *Petit lexique des mots essentiels*, d'O. VALLET.
182. *Lettres sur la méditation*, de L. FREEMAN.
183. *Dix questions simples sur Dieu et la religion*, d'A. HOUZIAUX.
184. *Dix questions simples sur la vie*, d'A. HOUZIAUX.
185. *Les Nouveaux Penseurs de l'islam*, de R. BENZINE.
186. *Au dernier survivant*, du rabbin D. FARHI.
187. *Schizophrénie culturelle*, de D. SHAYEGAN.
188. *Apprendre à être heureux*, d'A. HOUZIAUX.
189. *Inventaire vagabond du bonheur*, de J. KELEN.
190. *Le Secret de l'Aigle*, de L. ANSA et H. GOUGAUD.
191. *Le Retour de l'enfant prodigue*, de H. NOUWEN.
192. *Mu. Le maître et les magiciennes*, d'A. JODOROWSKY.
193. *Enquête au cœur de l'Être*, dir. par G.-E. HOURANT.
194. *La Conférence des oiseaux*, de J.-Cl. CARRIÈRE.
195. *Paroles d'Orient*, de M. de SMEDT.
196. *Les Mouvements du silence*, de G. MANZUR.
197. *Jésus, Marie Madeleine et l'Incarnation*, de J.-Y LELOUP.
198. *Juifs et chrétiens face au XXIe siècle*, coll. dir. par P. THIBAUD.
199. *La Force de l'amour*, de Sœur CHÂN KHONG.
200. *Simon le Mage*, de J.-Cl. CARRIÈRE.
201. *Œdipe intérieur. La présence du Verbe dans le mythe grec*, d'A. de SOUZENELLE.
202. *Saint François d'Assise ou la puissance de l'amour*, de S. ROUGIER.
203. *Dieu* versus *Darwin*, de J. ARNOULD.

204. *Sagesses pour aujourd'hui,* entretiens réalisés par C. MESNAGE.
205. *Jésus, l'homme qui évangélisa Dieu,* de R. LUNEAU.
206. *Anthologie du chamanisme,* de J. NARBY et F. HUXLEY.
207. *La Roue de la médecine,* de SUN BEAR et WABUN.
208. *Moine zen en Occident,* de R. RECH et B. SOLT.
209. *Enquête sur la réincarnation,* dir. par P. VAN EERSEL.
210. *Une femme innombrable, le roman de Marie Madeleine,* de J.-Y. LELOUP.
211. *Sœur Emmanuelle, la chiffonnière du ciel,* de Sœur SARA et G. COLLARD.
212. *S'ouvrir à la compassion,* collectif dir. par L. BASSET.
213. *Le Livre du vide médian,* de F. CHENG.
214. *Préceptes de vie de l'Abbé Pierre,* d'A. NOVARINO.
215. *Préceptes de paix des Prix Nobel,* de B. BAUDOUIN.
216. *Cheminer vers la sagesse,* de D. CHOPRA.
217. *Le Chant des profondeurs,* collectif dir. par N. NABERT.
218. *Islam et démocratie,* de F. MERNISSI.
219. *Le Harem politique,* de F. MERNISSI.
220. *Contes de la chambre de thé,* de S. de MEYRAC.
221. *Deux mille dates pour comprendre l'Église,* de M. HEIM.
222. *La Femme dans l'inconscient musulman,* de F. AÏT SABBAH.
223. *La Consolation des consolations. L'Abbé Pierre parle de la mort,* d'A. NOVARINO.
224. *La mort est une question vitale,* d'E. KÜBLER ROSS.
225. *Les Araignées sans mémoire,* d'A. JODOROWSKY
226. *Une spiritualité d'enfant,* collectif dir. par L. BASSET.

Composition Nord Compo
Impression CPI Bussière, décembre 2010
Éditions Albin Michel
22, rue Huyghens, 75014 Paris
www.albin-michel.fr

ISBN 978-2-226-21570-3
ISSN 1147-3762
N° d'édition : 18878/01. – N° d'impression : 103179/1.
Dépôt légal : janvier 2011.
Imprimé en France.